성경을 재미있고
깊이 읽기 위하여

내러티브로 성경읽기

| 이연길 지음 |

쿰란출판사

재미있고 깊이 읽기 위하여

내러티브로 성경 읽기

1판 1쇄 인쇄 _ 2015년 5월 10일
1판 1쇄 발행 _ 2015년 5월 15일

지은이 _ 이연길
펴낸이 _ 이형규
펴낸곳 _ 쿰란출판사

주소 _ 서울특별시 종로구 이화장길 6
편집부 _ 745-1007, 745-1301~2, 747-1212, 743-1300
영업부 _ 747-1004, FAX 745-8490
본사평생전화번호 _ 0502-756-1004
홈페이지 _ http://www.qumran.co.kr
E-mail _ qrbooks@gmail.com / qrbooks@daum.net
한글인터넷주소 _ 쿰란, 쿰란출판사
등록 _ 제1-670호(1988.2.27)
책임교열 _ 오완

 ISBN 978-89-6562-754-8 93230

성경을 재미있고
깊이 읽기 위하여

내러티브로
성경읽기

요즘 저는 성경을 깊이 알고 싶거나 배우고 싶다는 신자들을 많이 만나게 됩니다. 어떻게 하면 성경을 깊이 있게 읽으면서도 재미있게 읽을 수 있을까? 성경이 꿀송이보다 더 달다고 했는데, 어떻게 하면 그런 맛을 느끼게 될까? 또 "하나님의 말씀은 살아 있고 활력이 있어 좌우에 날선 어떤 검보다도 예리하여 혼과 영과 및 관절과 골수를 찔러 쪼개기까지 하며 또 마음의 생각과 뜻을 판단하나니"(히 4:12)라고 하였는데, 그런 날카로움을 어디서 찾고, 읽거나 듣는 자들을 변화시키는 힘은 어디서 만날 수 있을까?

이 문제를 놓고 평생을 고민하면서 알게 된 것은 성경이 히브리적 내러티브 방법으로 기록되었다는 사실입니다. 이것을 알고부터 성경의 참맛을 조금이나마 느끼기 시작하였습니다. 그리고 신학생들이나 목회자들 그리고 신자들에게 강의를 해오던 중에 도움이 될 만한 자료의 필요성을 느껴 이 책을 내놓게 되었습니다. 이 책은 그동안 강의해 온 내용들을 평이하게 정리한 것으로, 목회자들은 물론 성경을 깊이 알고 싶어하는 평신도들에게 도움을 주고자 합니다.

기독교는 성경의 종교입니다. 성경을 덮고 예수 그리스도를 믿는다면 그것은 하나님과 아무런 관계가 없는 미신에 불과할 수도 있습니다.

요한복음 14장 23절에서는 예수님의 말씀을 이렇게 전하고 있습니다.

> "누구든지 나를 사랑하는 사람은 내 말을 지킬 것이다. 그리하면 내 아버지께서 그 사람을 사랑하실 것이요, 내 아버지와 나는 그 사람에게로 가서 그 사람과 함께 살 것이다." (새번역)

예수님은 진정으로 하나님을 사랑하는 길은 성경에서 듣고 그 말을 지키는 것이고, 그리할 때 하나님이 그들을 사랑하시고, 또한 그들과 함께 동행하신다고 하셨습니다. 이런 하나님의 사랑을 받고 하나님을 사랑함으로써 교회가 생명력을 얻고 민족을 새롭게 하는 역사들이 이 땅에 일어나기를 간절히 기도합니다. 이 작은 책이 우리의 교회에 그러한 역사가 일어나도록 돕는 불쏘시개가 되기를 바랍니다.

이 책은 제가 연구해서 된 것만이 아닙니다. 하나님께서 사람들과 책을 만나도록 인도하시고, 때로는 영감을 주셔서 깨닫게 해주신 결과물입니다. 그러므로 이 책이 세상에 나오는 것은 전적으로 하나님의 선물일 뿐입니다. 혹 내용 중에 잘못된 것이 있으면 이 사람의 짧은 지식 탓이오니 넓은 이해를 바랍니다.

특별히 책의 교정부터 편집까지 수고해 주신 김병선 교수님께 진심으로 감사를 드립니다. 이 기회에 말씀목회공동체를 오랫동안 이끌어 오신 이리신광교회 장덕순 목사님과 하남 빛내리교회 이재룡 목사님에게도 감사를 드립니다. 그리고 늘 저의 책을 출판해 주시는 쿰란출판사 이형규 장로님께도 깊은 감사를 드립니다.

이 책을, 성경을 사랑하여 성경 위에 한국 교회를 세우기 위하여 기도하며 노력하시는 모든 분들에게 바칩니다.

2015년 5월 댈러스에서

이연길 드림

차례 ● contents

02 성경, 열려 있는 책

03 이야기와 상황

01

이야기로서의 성경

The Bible as a Story

들어가는 말

경기도 안산으로 가는 지하철을 탄 적이 있다. 그때 눈에 확 들어오는 문구가 있었다. "포기, 김장할 때나 써라." '(배추) 포기' 를 김장할 때 쓰는 것이란 사실을 누가 모르겠는가! 그런데 비싼 광고비를 내고 전철 안에 이런 글을 붙여놓은 이유가 무엇일까? 이 글을 읽고 있는 독자들은 지금 나를 386 컴퓨터라고 비웃을지도 모른다.

"포기, 김장할 때나 써라." 대한민국 국민이라면 이 문구를 곧이곧대로 읽을 사람은 아무도 없다. 포기는 김장할 때 쓰는 것도 사실이다. 또한 절대 포기(抛棄)하지 말라는 의미도 사실이다. 한 문장 안에 두 마리의 토끼가 들어 있는 셈이다. 이와 같은 해학(諧謔)적인 재치를 가진 민족이 바로 우리 한민족이다. 그런데 이런 민족이 이 땅에 또 하나 존재하고 있다. 바로 히브리 민족이다.

책이란 글을 쓴 사람의 의도대로 읽어야 하고, 그 사람이 사용한 문학적 방법을 통해서 읽어야 한다. 그래야 제 맛을 느낄 수 있다.

“포기, 김장할 때나 써라”라는 말처럼 말이다. 성경이 바로 그런 책이다. 성경이 재미없다고 말하는 사람들은 성경이 읽어주기를 바라는 방법으로 읽지 않았기 때문이다.

성경은 독특한 문학적 방법으로 기록된 책이다. 그런 방법을 모른 채 지금까지 겉으로 나타난 문장이나 단어를 통해서만 성경을 읽었다면 재미가 없을 뿐 아니라, 그 내면에 숨겨져 있는 진정한 의미를 바로 이해하지 못했을 것이다.

최근 새롭게 성경을 읽는 방법이 소개되면서 성경은 우리가 대하는 일반 책과는 다른 독특한 방법으로 기록되었다는 사실을 알게 되었다. 성경을 기록한 방법은 신문 기사나 사설과도 다르고, 논문이나 해설서와도 다르다. 이런 문장들을 서술문이라고 하는데, 성경의 문장은 서술문과 크게 다르다. 더욱이 역사를 기록하는 방법과도 다르다. 기록자의 관점이 있기는 하지만 대체적으로 역사적 사건의 서술이라고 한다면, 성경의 기록 방법은 단순한 서술이 아닌 그 이면에 깊은 교훈을 담은 복합적인 의미를 갖는 진술이라고 할 수 있다.

성경은 말하고 싶은 교훈이나 진리를 법전(法典)이나 교리(敎理) 같은 방법으로 진술하지도 않는다. 그렇다고 사실(fact)만을 단순하게 그대로 전하지도 않는다. 겉으로 보기에는 평범한 이야기들을 늘어놓은 것처럼 보이지만 그렇게 단순하게 읽어서는 안 되는 책이 성경이다.

릴랜드 라이켄(Leland Ryken) 교수는 이렇게 말한다.

> 하나님의 진리를 표현하는 성경의 가장 일상적인 방법은 설교나 신학적 진술이 아니라, 스토리이며, 시이며, 환상이며, 편지이며, 문학 형태이며 상상력의 산물이다.

왜 성경은 그러한 방법으로 기록되었을까?

가. 성경과 이야기

1) 하나님의 이야기

할리우드에서 〈모세〉란 영화를 다시 제작한다는 소식을 듣고 어느 기자가 영화감독인 스티븐 스필버그(Steven Allan Spielberg)에게 물었다. "할리우드가 성경 이야기를 반복해서 제작하는 이유가 무엇인가?" 스필버그의 대답은 간단했다. "성경은 스토리의 보고이고, 할리우드는 전달의 전문가이기 때문이다."

작가들은 스토리란 매개체로 옛날이야기들을 책 속에 담는다. 일단 책으로 만들어진 이야기들은 책 속에 갇힌 채 마치 죽은 것처럼 놓여 있다. 그러나 이야기는 언제든지 살아날 준비를 하고 있는 문학 형태이다. 독자들이 책장을 펴고 읽어가는 순간 이야기는 눈을 뜨고 말하기 시작하고, 독자로 하여금 상상하게 하고, 느끼게 하고, 감동하게 한다. 때로는 결단할 뿐 아니라 행동하게도 한다. 그뿐 아니라 책 속에 갇혀 있던 이야기들이 연출가를 통하여 드라마나 영화로 만들어지면, 이야기는 살아나서 생생한 현장감과 함께 관객들을 이야기의 현장으로 초청하여 마치 주인공처럼 느끼게도 하고, 그 안에서 살게도 한다. 그리고 받은 감동을 오래오래 기억하도록 해준다.

성경은 하나님에 대하여 들려주는 책이다. 성경을 통하지 아니하고는 누구도 하나님을 정확하게 알 수 없다. 그런데 하나님은 어떤 대상이 없이 홀로 알려질 수 없는 분이기에 그분과 함께 살아온 사람들의 이야기를 통해서만 알려질 수 있다. 그러므로 하나님이 어떤 분이신가를 알려면 그분과 함께 산 사람들의 이야기를 통하여 들어야 한다. 그렇기 때문에 성경은 하나님과 함께 살아온 사람들의 이야기를 낱낱이 기록해야만 했던 것이다. 그런데 하나님과 함께 살아온 사람이 어디 한두 사람인가!

성경은 이처럼 관계의 책이다. 하나님과 사람의 관계, 그리고 사람과 사람의 관계를 기록한 책이다. 이런 관계를 교리적으로 설명할 수 있을까? 논리적으로 설명할 수 있을까? 삶은 이야기다. 관계도 이야기다. 인간의 삶을 이야기란 매체를 사용하지 않고는 나눌 수 없듯이 하나님과 인간의 삶도 이야기란 도구 없이는 생생하게 나누기가 어렵다. 그래서 성경에는 논리적인 설명도 없고, 정의(定義)를 내린 곳도 없고, 제기된 문제에 대한 해답도 없이 저자의 어떤 감정도 배제한 채 담담하게 그들의 이야기를 풀어놓았다.

오탁번은 《서사문학의 이해》에서 다음과 같이 말한다.

> 사람이 사는 곳에 이야기가 있으며, 삶이 있는 곳에 이야기가 있다. 삶이란 곧 이야기로 구성되어 있다. 신문에 실린 사건들은 모두 이야기이고, 역사하는 것도 모두 이야기이다. 이야기를 통해서 모든 관계가 이루어지고 모든 문제가 해결된다. 우리는 이야기와 더불어 산다. 이야기가 끝나는 곳에서 삶도 끝난다. 아이는 수많은 이야기를 통해서 세상을 배운다. 사람들은 이야기의 부재나 이야기의 실종 속에서 아무것도 알 수 없고 또 할 수 없다.(오탁번, 이남호 공저)

피터 팬과 네버랜드에서 길 잃은 아이들에 대한 이야기 중에 이런 내용이 나온다.

> 길 잃은 아이들은 언제나 소년으로 남기 마련이다. 이야기를 알지 못하는 한 길을 찾지 못한다. 그들이 성장하지 못하는 것은, 어떻게 이야기 속의 역할에 몸담고, 어떤 캐릭터에 속해 이야기 속 공간을 누비며, 어떻게 삶을 영위해야 하는지 이해하지 못하기 때문이다.

결국 인간은 이야기 안에 존재하는 실존이란 말이다. 인간은 이야기를 들으며 지혜를 배우고, 그 이야기 속에서 성장한다. 그러므로 성숙한 삶을 살기 위해 가장 본질적으로 요구되는 것은 이야기 속에 들어가 살 수 있는 능력이라고 말할 수 있다.

나에겐 두 손녀가 있다. 이 아이들은 어려서 우리와 함께 살아서 우리말을 제법 잘했다. 유치원에 보내면서 적이 염려가 되었다. 영어를 못하면 어떻게 할까 하고 말이다. 그런데 유치원에 들어가는 날 이 아이들은 완전히 미국 사람이었다. 그 후로는 우리말을 더듬거리다가도 영어를 할 때면 숨 돌릴 틈도 없이 지껄인다.

어떻게 된 것인가? 한글은 배웠는데도 안 되고 영어는 배우지 않았는데도 그처럼 완벽하게 하는 이유는 무엇일까? 그때서야 모국어란 엄마의 태속에서 듣고 자란 언어라는 것을 알았다. 아이들은 태 안에 있을 때부터 부모들이 사용하는 언어와 이야기를 듣고 자란다. 부모가 들려준 이야기를 통하여 아이들의 인격과 지능이 형성된다는 사실도 그때서야 비로소 알았다. 이야기가 그들을 형성해 준 것이다.

성경이 선택한 방법은 바로 이런 이야기였다. 성경은 설명도 해답도 없는 이야기를 독자들에게 들려준다. 어떤 것은 짧게, 어떤 것은 의미도 없어 보이는 내용을 길게 늘어놓는다. 어려서 성경을 읽을 때 참 지루했던 내용이 많았다. 아브라함의 자부(子婦) 리브가를 얻는 이야기, 성막에 대한 이야기는 왜 그리 긴지? 그것도 두 번이나 반복해 가면서 말이다. 마태복음에 나오는 족보 이야기 등은 정말 재미없는 글들이었다.

성막 이야기, 족보 이야기는 말할 것도 없고, 아브라함이 며느리 얻는 이야기는 이방인인 우리에겐 생략해도 좋을 듯한 내용인데, 그런 내용을 무려 67절에 걸쳐 기록해 놓았다. 남의 며느리 얻는 일이 무슨 의미가 있다고 그처럼 길게 늘어놓았을까? 그러나 그만큼 창세기를 기록한 사람에게 그 이야기는 매우 중요했다는 말이다. 그래서 그처럼 많은 지면을 사용하면서까지 자세하게 기록해 놓은 것이다. 이것이 성경의 특징이고 또 성경이 말하는 방법이다.

하지만 그런 이유로만 성경을 이야기라고 말하는 것은 아니다. 사실 성경에는 이야기 양식이 아닌 책들도 많다. 시편이나 잠언, 예언서 그리고 서신들도 있다. 그런데도 성경을 이야기로 된 책이라고 하는 이유는 그 안에 포함된 수많은 이야기 외에도, 크게 보면 성경 전체가 이야기로 읽힐 수 있기 때문이다.

2) 이야기 틀로 된 이야기

나는 이야기와 이야기 틀을 구분해서 생각한다. 이야기가 단순한 하나의 스토리라면 이야기 틀은 그 안에 스토리가 있건 없건 전체의 내용이 이야기로 읽힐 수 있는 것을 말한다. 말하자면, 전자를 미시적인 이야기라면 후자는 거시적인 이야기라고 할 수 있다.

이야기 틀로서의 성경은 과거에 일어났던 사건을 단순하게 전달해 주려는 데 그 목적이 있는 게 아니라, 각 책마다 그 시대에 사는 사람들에게 그 사건들을 통하여 어떤 교훈을 제시하려고 쓴 책이다. 그런 의도를 잘 전달하기 위해 같은 이야기를 다루되 저자마다 필요한 자료를 취사선택했고, 똑같은 내용이지만 저자의 의도에 맞도록 각기 다른 독특한 방법으로 구성(plot)해서 전달하고 있는 것이다. 이처럼 성경은 단순한 이야기를 전달보다는 그 이야기를 통한 의도의 전달이 중요하고, 그 의도에 따라서 이야기의 관점이 약간씩 다르게 읽힐 수 있다는 말이다

우리는 복음서를 읽으면서 왜 복음서가 네 권의 책에 기록되었을까 하고 불평할 때가 있다. 네 권을 한 권으로 묶어 전해 주었더라면 독자들이 예수님에 대해서 더 쉽게 이해할 수 있을 거란 생각 때문이다. 그러나 자세히 읽어보면 같은 사건의 이야기도 복음서마다 관점이 약간씩 다르다는 것을 알게 될 것이다.

예수님의 어린 시절에 대한 이야기는 누가복음에만 기록되었다(눅 2:40, 52). 예수께서 12살에 성전에 올라갔던 이야기도 누가복음에만 있다(눅 2:41-51). 그리고 모든 복음서는 예수님의 생애를 요한의 증거와 세례받는 사건으로부터 시작한다. 그런데 그 시기가 약간씩 다르게 기록되어 있다. 책의 내용을 전개하는 방법이나 내용도 약간씩 다르다. 거의 같은 내용이 반복되기도 하지만 어떤 책에서는 생략하기도 하고, 어떤 이야기는 간략하게 기록하기도 한다. 복음서마다 저자가 필요한 자료를 취사선택했기 때문에 어느 복음서에는 생략되기도 하고, 어떤 복음서에는 중요하게 취급되기도 한다.

가나 혼인잔치 집 이야기는 요한복음에만 나온다. 더욱이 요한복음은 가나 혼인잔치 집에서 물로 포도주를 만든 기적을 첫 번째 표적이라고 한다. 물로 포도주를 만든 일이 과연 첫 번째 기적일까? 어

느 복음서도 여기에 동의하지 않는다. 그렇다면 왜 요한은 혼인집에서 물로 포도주를 만든 것을 첫 번째 기적이라고 했을까?

요한에게는 초대 교인들에게 전하고 싶은 이야기가 있었다. 그 내용을 전하기 위하여 그는 자기 이야기 틀을 구성하였고, 거기에 필요한 내용으로 예수님께서 행하신 일곱 가지의 표적을 선정해 놓았다.

물을 포도주로 변화시킴(2:1-11)

왕의 신하를 고치심(4:36-54)

38년 된 병자를 고치심(5:1-9)

오천 명을 먹이심(6:4-13)

물 위로 걸으심(6:16-21)

소경을 고치심(9:11-17)

나사로를 살리심(11:38-44)

이 일곱 가지 표적 중에서 물이 포도주로 변한 것을 첫 번째로 선택했다는 말이다.

그렇다면 네 복음서의 내용을 다 종합하면 예수님의 지상에서의 삶을 역사적으로 정확하게 구성할 수 있을까? 우리는 복음서 저자들이 보여주려고 하는 면에서만 예수님의 생애를 볼 수 있지, 그것 이외에는 아무리 상상하고 노력해도 다 볼 수 없다. 복음서 내용을 다 종합해 놓는다고 해도 예수님의 생애는 정확하게 구성할 수 없는 것이다.

이것을 잘 보여주는 구절이 요한복음 21장 25절이다. "예수께서 행하신 일이 이 외에도 많으니 만일 낱낱이 기록된다면 이 세상이라도 이 기록된 책을 두기에 부족할 줄 아노라." 이 말은 현재의 성경이 예수님에 대한 기록을 '낱낱이' 한 것은 아니라는 말이기도 하다. 또 "예수께서 행하신 일이 이외에도 많으니"란 말은 복음서 기자가 전하려는 이야기 틀에 필요한 자료만 사용했다는 것을 전제하는 말이다. 그리고 자기가 사용하지 못한 자료들이 훨씬 더 많다는 말이다.

왜 이처럼 복음서 저자들은 예수님의 생애 전반을 기록하지 않고 자기의 틀에 맞춰서 필요한 자료만 선택하여 기록했을까? 그들은 예수님의 생애를 기록하려는 목적 외에도, 그 내용을 통해서 당시 교회들이 직면하고 있는 문제들에 대한 해답 또는 신앙생활에 바른 지침을 주려고 시도했기 때문이다. 성경은 당시 사회나 교회들의 문제를 밖으로 노출시키지 않고 이야기를 서술하는 가운데서 그 문제를 해결하려고 했다. 바울 서신에서도 이런 방법은 동일하게 사용되었다.

성경이 이야기로 된 책이라고 하는 이유는, 성경 전체가 하나의 이야기 틀로 되어 있기 때문이다. 성경은 누가 내용을 구성하고, 그 구성에 맞게 성경을 기록하도록 저자들에게 요구하지 않았는데도 하나의 큰 줄거리(이야기 틀)로 기록되어 있다. 창세기에서부터 요한계시록까지 관통하는 줄거리가 있다. 줄거리가 있다는 말은 하나의 이야기로 통한다는 말이다.

창세기가 하나님이 통치하시는 에덴동산의 이야기로 시작되었다면 요한계시록은 하나님이 통치하시는 영원한 하나님의 나라로 끝을 맺는다. 이처럼 성경은 웅장한 장편 드라마다. 에덴동산을 하나님의 나라로 해석한다면 성경 속에 흐르는 이야기의 뼈대는 하나님의 나라이고 그 나라를 유지하는 힘은 하나님의 말씀에 있다.

에덴동산에서 하나님의 말씀을 어기고 불순종한 사람들은 그곳에서 쫓겨났다. 좀 더 구체적으로 말하면, 하와는 하나님의 명령에 덧붙이기도 하고, 삭제하기도 함으로 하나님의 말씀을 거역하고 선악과를 따먹는 잘못을 저지르고 말았다(창 3:1-13). 그런가 하면 요한계시록에서 다시 생명과의 이야기가 나온다. 요한계시록 2장 7절에 "생명나무 열매를 주어, 먹게 한다"는 말이 다시 언급된다. 그리고 요한계시록 마지막엔 다음과 같이 기록해 놓았다.

> 내가 이 두루마리의 예언의 말씀을 듣는 모든 사람에게 증언하노니 만일 누구든지 이것들 외에 더하면 하나님이 이 두루마리에 기록된 재앙들을 그에게 더하실 것이요 만일 누구든지 이 두루마리의 예언의 말씀에서 제하여 버리면 하나님이 이 두루마리에 기록된 생명나무와 및 거룩한 성에 참여함을 제하여 버리시리라(계 22:18-19).

성경의 처음과 마지막은 하나님의 나라가 중심이다. 그 나라는 말씀을 따라 사는 사람들의 것이고, 그 말씀을 인간들 멋대로 수정하거나 더하거나 빼지 말라고 했다. 그런 자들은 에덴에서 쫓겨났고, 마지막에는 하나님의 거룩한 성으로부터 쫓겨나게 된다. 성경은 에덴동산(하나님 나라)에서 쫓겨난 이야기로 시작하여 마침내 하나님 나라가 완성되어 예수 그리스도를 믿는 자들이 그 나라에 들어가는 이야기로 대단원을 맺는 책이다. 이외에 구약과 신약에 나오는 모든 내용은 하나님 나라 상실과 회복이란 큰 주제 안에 있는 과정의 이야기라고 할 수 있다.

모세 오경의 경우를 보자. 모세 오경은 창세기로 시작하여 신명기로 마친다. 신명기 28장 1-6절은 신명기의 결론 부분이 시작되는 들머리이자 모세 오경의 결론이라 할 수 있다. 이를 요약한다면, 하나님께서 선택한 백성들 앞에 복과 저주를 놓았으니 어느 것을 선택할 것인가를 결단하라고 하는 것이다(신 28:1-6, 15-19). 이 결론의 내용도 둘로 구분할 수 있다. 첫 번째는 복의 조건(28:1-2)과 저주의 조건(28:15), 두 번째는 복의 내용(28:3-6)과 저주의 내용이다(28:16-19). 이를 비교해 보자.

특히 28장 6절의 "네가 들어와도 복을 받고 나가도 복을 받을 것이니라"는 말씀이 신명기의 결론이다. 이 모습은 하나님께서 인간을 에덴동산에 두시고 이루시고자 하신 공동체의 모습이고, 이스라엘 백성을 애굽에서 이끌어 내신 이유이기도 하다. 하나님께서는 "들어가도 복을 받고 나가도 복을 받는 사회"로 건설하시기 위해 이스라엘을 이집트로부터 이끌어 내신 것이다. 그렇기 때문에 신명기

복: 신 28:1-6	저주: 신 28:15-19
성읍에서도 복(3a절)	성읍에서도 저주를 받고(16a절)
들에서도 복(3b절)	들에서도 저주를 받을 것이다 (16b절)
태…토지…집짐승이 복 (4절)	태…토지…집짐승이 저주받고 (18절)
곡식 광주리도 반죽 그릇도 복(5절)	곡식 광주리도 반죽 그릇도 저주 (17절)
들어와도 나가도 복(6절)	들어와도 나가도 저주를 받을 것이다(19절)

28장 6절은 한 개인의 삶의 궁극적 목표를 제시한 것이 아니고, 한 공동체 나아가서는 온 세계를 향한 하나님의 궁극적 목표를 제시한 것이다. 그런 사회가 되면 구체적으로 일어날 일들을 그린 모습이 신명기 28장 3-5절이다.

이런 축복을 이루기 위한 조건은 신명기 28장 1-2절에 제시되어 있다.

> 네 하나님 여호와의 말씀을 삼가 듣고 내가 오늘 네게 명령하는 그의 모든 명령을 지켜 행하면 네 하나님 여호와께서 너를 세계 모든 민족 위에 뛰어나게 하실 것이라.

이 구절에서 가장 중요한 점은 무엇인가? 하나님께서 주시는 복은 하나님의 말씀을 잘 듣고 순종하는 자들에게 하나님께서 결과로 주시는 것이란 점이다. 하나님이 주시는 복은 무조건 간구한다고 얻는 것이 아니라고 한다. 하나님이 주시는 복을 마음껏 누리며 사는 행복한 사회를 이루는 절대 조건은 하나님의 말씀을 주의 깊게 듣고 그 말씀대로 살아가는 것이다. 본래 히브리어의 '듣는다'(쉐마)는 '들으라'(to hear)는 말이지만 듣고 그대로 행동으로 옮기라는 의미가 포함되어 있다.

에덴동산의 행복이 선악과를 지키는 데 있었고, 들어가도 나가도 복을 누리며 사는 행복한 사회(에덴동산 회복)는 하나님의 말씀을 듣고 지킬 때 이루어진다. 이렇게 보면 모세 오경을 받치는 두 기둥은 에덴동산의 선악과 이야기와 신명기의 결론인 28장 1-6절이다. 이처럼 성경은 전체로도 하나의 이야기 틀을 가지고 있지만 모세 오경과 같은 책도 완벽한 이야기 틀을 가지고 있다는 사실을 알 수 있다. 그러므로 성경은 한 구절도 중요하지만 사실은 책 한 권을 처음부터 끝까지 이야기로 읽어야 그 뜻을 분명하게 깨달을 수 있도록 된 책이다.

3) 이야기 속의 이야기

성경을 이야기라고 말하는 또 다른 이유가 있다. 성경 안에 각 책의 내용이 이야기 형태로 되어 있기도 하지만, 자세히 살펴보면 성경에 기록된 사건의 내용 역시 이야기 틀로 기록되었기 때문이다. 이 말은 이야기 틀 안에 또 다른 이야기 틀이 있다는 말이다.

앞에서 언급했던 것처럼 "포기, 김장할 때나 써라"라는 문장은 단순한 문장이지만 이야기 형태를 갖춘 글이다. 이 문장을 읽으면 그 안에 들어 있는 많은 이야기를 상상하게 한다. 생을 포기하는 사람이 그만큼 많다는 것이 이 문장을 쓴 이유라는 것을 추정할 수 있다. 또 그들에게 어떻게 말해야 삶에 대한 포기를 포기하게 만들 것인가를 놓고 많은 고민을 하면서 만들어 낸 문장이란 것도 알 수 있다.

왜 그처럼 심각한 문제를 농담처럼 표현했을까? 사람들에게 재미있게 읽히고, 오래오래 기억되게 하려면 긴 서술 문장으로는 한계가 있을 것이다. 더욱이 그 글을 읽고 결단하도록 하려면 짧고 매력적이고 흡인력 있는 문장, 동시에 짧지만 오래 생각하게 하는 시적 문장을 사용할 수밖에 없을 것이다.

그러한 예가 예수님께서 사용하신 경구(aphorism)이다. 예수님의 설교 중 팔복은 아주 짧은 경구로 되어 있다. "심령이 가난한 자는 복이 있다니 천국이 그들의 것임이요." 이 말씀이 오늘날 우리 가슴엔 쉽게 다가오지 않는다. 그러나 당시 이 말씀을 들었던 사람들에게는 굉장한 충격이었을 것이다. 이 말씀 속에는 그 당시 종교적, 사회적 현실이 담겨져 있기 때문이고, 동시에 하늘나라에 대한 진리가 담겨져 있기 때문이다. 그러면서 오고 오는 세대에 주는 교훈이 있다. 그렇기 때문에 이 문구는 비록 짧지만 긴 이야기를 담고 있다. 이것이 성경이 말하는 이야기다.

창세기 39장 1-6절에 나오는 보디발의 집에서의 요셉의 삶은 비교적 짧게 기록되어 있다. 낯선 땅에 노예로 팔려 와서 힘들게 산 몇 년의 세월을 어떻게 단 여섯 절로 표현할 수 있다는 말인가? 이 내용은 아주 긴 이야기를 축소해 놓은 것이다. 우리는 이 내용을 요셉이 하나님만 의지하고 열심히 살았더니 총리가 된 이야기라고 쉽게 결론을 내린다. 과연 그런 간단한 교훈을 주려고 요셉이 보디발의 집에서 살았던 생활을 여섯 절로 기록했을까?

보디발의 집에서 요셉의 삶은 그렇게 녹록하지 않았다. 말도 통하지 않고 문화도 다른 남의 나라에서 그것도 노예로 살아간다는 것이 그리 쉬운 일이었겠는가? 요셉의 상황을 한마디로 표현한다면 모든 것이 불가능한 시기였다. 독 안에 철저하게 갇힌 사람이고, 절대로 성공할 수 없는 독에 갇힌 인생이었기 때문이다. 그런 상황 속에서 요셉이 어떻게 하나님의 은혜를 받게 되었는가? 도저히 정상적인 생활을 할 수 없었던 상황에서 요셉은 어떻게 하나님이 보시기에 좋았던 삶을 살 수 있었을까?

물론 하나님께서는 요셉을 사랑하셨다. 그렇다고 무조건 요셉에게 복을 주신 것은 아니다. 그것이 창세기 저자가 독자들에게 전하려고 하는 핵심이다. 이런 내용은 겉으로 나타나 있지 않다. 겉으로 나타나 보이지 않으나 분명히 그 이야기 안에 숨겨져 있다. 그것을 찾아 읽기 위해서는 보디발의 집에서 요셉이 만난 어려움이 무엇이었을까를 상상해 보아야 한다. 요셉은 그것을 어떻게 극복해 갔을까를 상상해 보자. 그리고 이런 고난을 극복해 가는 과정을 상상해 보자. 물론 극복해 가는 과정에 하나님의 도우심이 절대적이었다는 것은 말할 필요가 없다. 그러나 아무렇게나 살았는데도 하나님께서 그를 도우셨다는 말은 아니다. 하나님의 도우심은 하나님께서 그를 기뻐하셨기 때문에 주신 선물이다.

이상하게도 요셉의 이야기 중에는 '그 손에'(in his hand)라는 말이 많이 나온다(창 39:3, 4, 6, 8). 창세기 39장 3절에서는 "그의 주인이 여호와께서 그와 함께하심을 보며 또 여호와께서 그의 범사에 형통하게 하심을 보았더라"라고 했다.

NIV 성경에는 "And his master saw that the Lord was with him and that the Lord made all he did to prosper in his hand"(창 39:3b)라고 되어 있다. 왜 그가 하는 모든 일을 주께서 '그의 손 안에' 형통하게 해주셨다고 했을까? 왜 "그의 손"을 네 번이나 강조했을까? 요셉의 손과 하나님께서 복을 주신 것과 무슨 관계가 있을까?

요셉이 자기 마음 가는 대로 아무렇게나 살았는데도 하나님께서 그를 사랑하셔서 그에게 은혜를 베푸신 것이 아니라는 말이다. 하나님의 은혜는 그 은혜를 값지게 깨닫고 자기 삶에서 최선을 다하며 사는 사람에게 열매를 맺게 해주신다는 사실을 가르쳐주고 있다.

요셉 이야기는 단순하게 하나님께서 축복해 주셔서 성공했다는 성공의 비법을 우리에게 가르쳐주려는 게 아니다. 요셉이 어떻게 살았기에 그렇게 되었는가? 하나님 앞에서 살았던 그의 삶의 모습을 보여주려고 한다. 언뜻 읽으면 요셉이 고난 속에서도 하나님의 복을 받아 애굽의 총리가 되었다는 이야기로 보인다. 그래서 우리는 "여호와께서 요셉과 함께하시므로 그가 형통한 자가 되어" "그의 범사에 형통하게 하심을" "여호와께서 요셉을 위하여 그 애굽 사람의 집에 복을 내리시므로" 등과 같은 내용만 읽는다.

이런 읽기는 창세기 저자가 요셉의 이야기를 통하여 후대에 백성들에게 들려주고자 하는 중요한 내용들을 놓쳐버린 읽기이다. 결국은 성경이 주고자 하는 진리를 잃어버리고 만 것이다. 요셉의 이야기는 그것을 통하여 하나님께서 우리에게 무엇인가를 말하려고 하는 그릇이라고 생각해야 한다. 그릇만 보았지, 그 안에 든 맛있는 음식을 버렸다면 얼마나 어리석은 일인가?

그런가 하면 성경에는 긴 이야기들도 많다. 위에서 언급한 창세기 24장에 나오는 아브라함이 이삭의 아내를 얻은 내용은 답답하리만큼 길고도 지루한 이야기다. 한마디로 줄이면 아브라함이 하나님의 약속대로 종을 보내어 리브가를 이삭의 아내로 얻었다고 해도 될 내용이다. 그런데 왜 67절이나 되는 긴 이야기를 썼을까? 아브라함이 이삭을 바치던 이야기는 불과 19절에 그치는 것에 비하면 별로 중요하지도 않은 것 같은 이야기가 지루하게 기록되었다. 왜 그랬을까?

리브가를 며느리로 맞아들이는 이야기는 아브라함의 생애 중에 가장 가치 있는 이야기다. 자부를 얻는 이야기여서가 아니라, 아브라함의 믿음의 극치를 보여주는 내용이기 때문이다. 예비 신부를 만나 보지도 않고, 결혼 당사자의 의중을 들어보지도 않고 종에게 맡겨 선택하여 데려오라고 할 사람은 이 세상에 아무도 없다. 21세기에 사는 사람들에게도 어려운 일인데, 아브라함 당시에는 더더욱 가

당치 않은 일이다. 그런데 왜 아브라함은 종으로 하여금 자부를 얻어오게 했을까? 그 이유를 아브라함은 이렇게 말한다.

> 하늘의 하나님 여호와께서 나를 내 아버지의 집과 내 고향 땅에서 떠나게 하시고 내게 말씀하시며 내게 맹세하여 이르시기를 이 땅을 네 씨에게 주리라 하셨으니 그가 그 사자를 너보다 앞서 보내실지라 네가 거기서 내 아들을 위하여 아내를 택할지니라(창 24:7).

그러니까 24장의 이야기는 아브라함이 하나님을 얼마나 신뢰했는지를 보여준다. 동시에 하나님과 함께 사는 사람들은 어떻게 하나님의 인도를 받아야 하는가? 또 하나님께서는 그의 백성들을 어떻게 인도하시는가를 알려주는 내용이다. 그러므로 이 글을 읽을 때는 리브가를 이삭의 아내로 선택하는 이야기로 읽지만, 동시에 하나님의 인도를 받기 위하여 어떻게 해야 하는가를 생각하면서 읽어야 바르게 읽었다고 할 수 있다.

24장의 내용을 몇 단계로 나누어서 생각해 보자.

1. 하나님의 약속을 믿고 종을 보내는 장면(24:1-9)
2. 종이 내건 유일한 조건과 아브라함의 대답(24:5-7)
3. 종이 하나님의 인도를 받기 위하여 조건을 설정하고 기도하는 장면(24:10-14)
4. 기도를 마쳤을 때 이루어진 일들(24:15-33)

5. 리브가의 가족을 만나는 장면(24:34-51)

6. 리브가의 결단을 기다리는 장면(24:52-60)

7. 리브가와 함께 돌아오는 장면(24:61-67)

이와 비슷한 예가 사도행전 27장 1절-28장 15절에 나온다. 이는 사도 바울이 로마로 가는 이야기다. 이 이야기도 아주 긴 이야기다. 우리가 별로 알 필요도 없는 내용을 많은 지면을 활용하여 기록하고 있다. 바울 사도가 로마로 가는 길은 이해할 수 없는 면이 너무 많다. 어찌하여 하나님께서는 로마에 복음을 전하려고 하는 당신의 종을 죄수로 보내셔야 했을까? 더욱이 그 종이 타고 가는 배가 풍랑을 만나도록 허락하신 것일까? 그런 고난을 통하여 하나님께서는 무엇을 이루려 하셨는가? 등등 많은 질문을 던지게 된다.

그렇다. 바로 바울 사도가 로마로 가는 길에 대한 긴 이야기는 이런 문제를 우리에게 던져줌으로써 하나님이 당신의 종들을 어떻게 인도하시는가를 보여주려고 하는 것이다.

하나님은 죄수의 몸으로 로마를 향해 가는 바울 사도를 혼자 보내지 않으셨다. 그 배 안에는 부활하신 예수 그리스도가 타고 계시다고 생각하고 읽어야 한다. 그레데에서 바울이 "이번 항해가 화물과 배만 아니라 우리 생명에도 타격과 많은 손해를 끼치리라"(행 27:10)고 한 것은 그의 경험에서 나온 말만은 아니었을 것이다. 성령의 영감이 그에게 왔다고 생각해야 한다.

그러나 백부장에 의해 무시를 당했을 때 배는 풍랑을 만나게 된다. 풍랑이 심해지고 선주(船主)도 선장(船長)도 잠잠하게 되었을 때 비로소 주님은 바울에게 나타나 말씀하신다. "바울아 두려워하지 말라 네가 가이사 앞에 서야 하겠고 또 하나님께서 너와 함께 항해하는 자를 다 네게 주셨다"(행 27:24). 하나님께서 바울과 함께 항해를 하고 계시지만 평소에는 잠잠하시다. 다만 하나님이 통찰력을 주셔야 할 때, 또 그에게 나타나셔서 말씀하셔야 할 때 비로소 나타나 말씀하신다.

말씀하신 대로 바울은 배 안에 있는 사람들을 얻는다. 모든 사람들이 모여 식사하기 전에 바울이 "하나님께 축사하고 떼어 먹기를 시작하매"(행 27:35) 이 모습은 마치 성찬식을 상상하게 한다. 그 후 멜리데 섬을 거쳐 로마로 간 바울 사도는 2년 동안 집에 머물면서 찾아오는 사람들에게 자유롭게 복음을 전한다. 황제의 이런 관용을 받게 된 것은 풍랑을 극복하고 배 안에 모든 사람들을 살려낸 사건과 무관하지 않을 것이다.

결국 하나님께서는 "우리가 알거니와 하나님을 사랑하는 자 곧 그의 뜻대로 부르심을 입은 자들에게는 모든 것이 합력하여 선을 이루느니라"(롬 8:28)는 바울의 고백대로 이루어주셨다(더 자세한 내용은 이연길 저, 《사도행전》 주석을 참고하시기 바람. 쿰란출판사).

4) 시편도 이야기

시편이나 잠언 같은 책을 이야기라고 할 수 있을까? 바울 서신 같은 책도 이야기라고 할 수 있을까? 시편과 잠언은 이야기가 아니다. 그러나 시(詩)로써 이야기를 전달할 수 있고 잠언으로도 이야기를 전달할 수 있다. 이처럼 어떤 사건을 전달할 때, 사실만을 서술적으로 보도할 수도 있고, 이야기나 시로 형상화할 수 있다. 또 직접적으로 전달할 수도 있고, 비유적으로 전달할 수도 있다.

시편은 추상적 시가 아니라 어떤 역사적 사건을 모티브로 하여 기록한 글이기 때문에 좀 넓게 보면 모두가 서사시(敍事詩)라고 할 수 있다. 시편은 시인이 당면한 어떤 사건의 이야기(story)를 시적 내러티브(poetic narrative)로 표현한 것이다. 이처럼 시편 안에는 어떤 이야기가 숨겨져 있다. 그러므로 그 이야기를 찾아가며 시편을 읽어야 한다. 시편을 이야기로 읽지 않으면 시편은 우리 생활과 아무 관계 없는 추상적 시가 되고 말 것이다.

잠언은 간단한 속담 같은 내용의 모음집이어서 이야기라고 하기는 어렵다. 그러나 격언 같은 짧은 문장 속에 그 민족의 긴 역사를 담고 있다. 다시 말하면, 신앙공동체가 경험한 교훈들이 긴 역사를 지나면서 걸러지고, 내용들이 집약되고 구체화되고 체계적으로 정리되어 이루어진 책이 잠언이라고 보면, 잠언도 이야기일 수 있다. 그러므로 잠언을 읽을 때는 기나긴 세월 동안 하나님 앞에서 바르게 살려고 노력한 사람들의 삶의 이야기를 찾아가면서 읽어간다면 현재에도 우리 삶 가운데 살아 있는 위대한 교훈이 될 것이다.

잠언 5장을 읽어보자.

> 너는 네 우물에서 물을 마시며 네 샘에서 흐르는 물을 마시라 어찌 하여 네 샘물을 집 밖으로 넘치게 하며 네 도랑물을 거리로 흘러가게 하겠느냐 그 물이 네게만 있게 하고 타인과 더불어 그것을 나누지 말라(잠 5:15-17).

이 구절에서 말하는 우물, 샘은 무엇을 의미하는가? 네 샘의 물을 마시라는 말은 무슨 뜻인가? 샘물이 집 밖으로 넘친다는 말은 무슨 뜻인가? 알쏭달쏭한 내용이다. 간단한 표현이지만 많은 생각을 하게 한다.

이것은 남편과 아내에 관한 것이다. 인간의 역사가 시작된 이후로 성적 타락은 끊이지 않고, 그것 때문에 가정이 파탄나는 경우가 너무도 많다. 가정의 파괴는 인간 불행의 시작이다. 이런 문제는 당시 이스라엘 사회에서도 큰 고민거리였을 것이다. 시대가 흘러가면서 이런 문제를 해결하기 위해 얼마나 많은 노력을 기울였겠는가? 이런 가정 문제이면서 사회적 문제를 해결하기 위해서 가장 효과적인 교육방법을 생각해 내고 정리한 문장이 바로 이것이었을 것이다.

본문은 자기 아내를 존중하고 아내 한 사람으로 만족하라고 권고 한다. 혹 잘못되면 아내의 샘물이 밖으로 흘러갈 수 있다고 한다. 이런 말은 당연한 말이다. 그래서 잠언은 이미지를 통하여 상상하게 한다. 말은 듣고도 버리지만 이미지는 가슴에 새겨져 지워지지 않기 때문이다. 이처럼 어려운 문제를 해학으로 풀어내는 것이 잠언이다. 잠언은 짧은 내용이지만 긴 이야기를 말하고 있다.

성경을 이야기책이라고 하는 이유는 이야기가 많이 들어 있다고 해서 하는 말이 아니다. 성경 안에 이야기가 하나도 없어도 책 전체의 내용이 하나의 이야기로 구성되어 있다면 그것은 이야기이고, 이야기가 많아도 그것이 이야기란 틀 안에서 구성되어 있지 않다면 그것은 이야기책이라고 할 수 없는 것이다. 이런 의미에서 이야기가 아닌 성경은 없다고 말할 수 있다.

나. 또 다른 이야기로의 초청

지금까지 우리는 성경 안에 있는 이야기 틀에 대하여 생각해 보았다. 성경의 각 책이 이야기 틀을 가지고 있을 뿐 아니라 그 안에 있는 사건의 내용도 이야기 틀을 사용하여 기록되었다고 했다. 지금까지 사용한 이야기 틀을 학문적으로 말하면 내러티브적 방법이라고 한다. 내러티브적 기법(narrative art)은 성경이 기록된 특별한 방법이다. 왜 성경은 서술문이 아닌 내러티브란 방법을 사용해서 기록하였을까?

1) 내러티브란?

"포기, 김장할 때나 써라." 이 말을 왜 "절대로 포기하지 마십시오"라든가, 아니면 "절대로 낙심하지 마십시오. 기회는 옵니다"라고 직설적으로 표현하지 않고 은유적으로 표현을 했을까? 과연 직설적인 말로써 정말 절망하고 죽음을 생각하고 있는 사람을 돌이킬 수 있을까? 아마 이런 말로는 사람의 마음을 끌 수도 없을 뿐더러 더 나아가 죽음을 포기하도록 하지도 못할 것이다.

만약 죽음을 생각하는 사람이 이 글을 읽었다면 뭐라고 했을까? 아마 이렇게 화를 냈을 것이다. "정신 나간 녀석들, 너희들은 먹고 살만 하니까 그런 소리를 하지." 그러나 그런 사람이 "포기, 김장할 때나 써라"를 읽었다면 아마도 "웃기네" 하고 피식 웃었을 것이다. 정말 웃기는 말이다.

이 말에는 강조도 없고 감동할 만한 수식어도 없다. 어떤 결단을 유발할 만큼 매력적이지도 않다. 그냥 지나가는 말처럼 싱겁게 웃기는 말이다. 정말 싱겁게 웃고 지났는데, 이 말은 그의 가슴에 꽂히게 될 것이다. 그리고 가슴에서 떠나지 않고 계속해서 그로 하여금 생각하게 할 것이다. 결국 이 말은 그 사람의 생각을 바꾸고 돌이키도록 할 것이다. 이런 표현 방법을 내러티브(narrative)라고 한다.

우리 민족은 본래부터 내러티브 민족이라고 생각한다. 옛날 어머니들이 자녀를 교육할 때 속담 같은 경구를 많이 사용하였다. "잠자는 아이들 위로 밥상을 들고 지나가면 아이들이 안 큰다." "미운 자식 떡 하나 더 준다." "뱁새가 황새를 따라가자면 가랑이가 찢어진다." 일이 한참 잘될 때, "메뚜기도 한 철이다"라고 하거나 "뻐꾸기도 오뉴월이 한 철이다"라는 말을 한다. 일이 잘 안 풀릴 때는 "물이 들어와야 배가 나가지"라고 한다.

이 모두가 내러티브 표현 방법이다. 우리나라 전철을 타보면 내러티브 천국이다. “이곳은 경로석이 아니라 미래 당신을 위한 예약석입니다.” 이런 글들은 참 재미있게 들리고 쉽게 이해가 된다. 또 암기하려고 노력하지 않아도 그냥 뇌에 새겨진다.

우리 민족은 내러티브에 익숙한 민족으로 예부터 자녀교육이나 도덕교육을 이야기 식으로 했다. 우리에게 잘 알려진 《심청전》, 《장화홍련전》, 《춘향전》 등이 바로 그런 책이다. 한류 열풍이 온 세계에 불도록 한 드라마들은 한국 내러티브가 낳은 산물이라고 할 수 있다. 이런 의미에서 우리는 히브리 민족과 통하는 면이 많다.

내러티브란 용어는 라틴어 ‘narratus’(narrative)라는 말에서 나왔다. 라틴어 ‘narratus’는 단순하게 ‘말하다’(to tell) 또는 ‘무엇에 대하여 설명하다’(to describe)의 뜻이다. 내레이터(narrator)란 단어가 ‘narratus’에서 나왔다는 것은 쉽게 이해할 수 있을 것이다. 내러티브란 용어를 우리나라 문학에서는 서사(敍事)라고 한다.

《동아 새국어사전》에서는 서사를 이렇게 설명하고 있다. “서사란 사실이나 사건 따위를 있는 그대로 적는 일.” 그리고 서사체란 “사실을 있는 그대로 객관적으로 서술하는 문체”라고 정의한다. 그러나 성경에서 사용된 내러티브 방법은 일반문학에서 말하는 내러티브에 대한 정의만으로는 설명하기가 적당하지 않다.

성경 내러티브도 넓은 의미에서는 서사문학에 속하겠지만 성경 내러티브의 고유한 특성을 살려서 이해하도록 돕기 위하여 이야기 틀 또는 이야기 형태라는 개념을 사용하고자 한다. 왜냐하면 서사란 사실을 있는 그대로 객관적으로 기록하려고 하는 기술방법이라고 했는데, 성경의 내러티브는 그처럼 단순하게 객관적으로 기록한 글이 아니기 때문이다.

내러티브는 헬라적 내러티브와 히브리적 내러티브로 나눈다. 헬라적 방법은 정의를 내리는(define) 데 더 강조점을 두고 있고, 히브리적 내러티브는 묘사와 서술(description)에 강조점을 두고 있다. 헬라적 내러티브는 수사학과 같이 어떤 진리를 논리적으로 설명하고 증명함으로 타인을 설득하려는 방법이다.

그러나 히브리적 내러티브는 진리를 논리적으로 설명하거나 설득하려고 하지 않는다. 어떤 문제에 대하여 단순한 해답을 제시하지도 않는다. 겉으로 보기에는 사실이나 사건 따위를 있는 그대로 적어놓은 것처럼 보인다. 그러나 깊이 들여다보면 그 안에 전혀 다른 의미가 담겨져 있다. 물처럼 흐르는 이야기 속에 말하려고 하는 의도를 묻어둔 문장이 내러티브 문장이다.

성경적 내러티브(Biblical narrative)의 특성은 다음과 같이 표현할 수 있다.

> 한 문장 안에 객관적 의미 외에 또 다른 의미를 함의하고 있는 형식이다. 내러티브는 표면적이고 일차적인 이야기를 들려주는 것 외에, 그에 함의된 내면적이고 이차적인 이야기를 주목하게

한다.

삶 자체가 이야기다. 성경에서 말하는 믿음도 하나님 안에서의 삶을 말하는 것이기 때문에 그것도 이야기일 수밖에 없다. 믿음이란 소유되는 게 아니라 하나님과 함께 살아가는 것이기에 거기서 파생되는 모든 믿음의 과정을 설명하기 위해서는 이야기로 풀어갈 수밖에 없을 것이다.

그러므로 먼저 이야기의 내용을 파악하는 것이 중요하다. 로마서 4장은 믿음에 대하여 가장 많은 지면을 사용하여 설명해 놓은 곳이다. 그곳에서도 믿음을 풀어내기 위하여 정의를 내리기보다는 아브라함이라는 인물을 선택하여 그의 생애 가운데서 중요한 사건을 이야기로 들려줄 뿐이다.

이와 같이 내러티브 문장은 사건의 내용을 이야기로 풀어가면서 그 의미를 정확하게 이해하도록 도와준다. 동시에 독자들을 본문 안으로 초청하여 그 의미를 이해하고 행동하도록 초청한다. 어떤 사건을 설명하는 방법에는 두 가지가 있다. 하나는 교리나 논리처럼 풀어내고 정의를 내리는 방법이다. 또 하나는 이야기로 풀어내는 방법이다. 교리나 논리로 어떤 사건이나 개념을 설명한다면 쉽게 이해할 수 있을 것이다. 그러나 그것은 지식에 머물고 마는 것이지 결단하고 행동으로 옮기기는 어려울 것이다. 강의실에서 인격적인 변화가 일어나는 경우는 거의 없다. 반면 인물전을 읽거나 들으면서 결단하는 경우가 많은 것은 바로 이런 이유 때문이다. 그렇기 때문에 성경은 이야기식(내러티브)을 선택하였다고 볼 수 있다.

내러티브로 쓰여진 문장을 교리나 서술적 언어로 읽음으로 일어난 오류들을 예로 들어보자. 그 중에 대표적인 것이 중생, 즉 거듭남이라고 생각한다. 중생이란 무엇인가를 이해하기 위해서는 먼저 본문 내용의 이야기로 돌아가야 한다. 먼저 예수님과 니고데모의 대화를 주의 깊게 들어보자. 그리고 그 내용의 흐름을 이해해 보자.

이 대화에서 주제는 하나님 나라이다. 하나님 나라가 일관되게 진행되고 있다. 니고데모는 자신을 하나님 나라 사람으로 여기고 있는 것처럼 보인다. 그러나 예수님은 그것을 부인한다. "거듭나지 아니하면 하나님 나라를 볼 수 없느니라"고 하심으로 니고데모를 하나님 나라 밖에 있는 사람으로 취급하신다.

예수님의 말씀을 들은 니고데모도 희미하게나마 거듭남을 어디서 다시 태어나는 것이라는 사실로 이해하였다. 그래서 어머니 태안으로 들어갔다 다시 태어나야 하는 것인가라고 물었다. 예수님은 하나님 나라에 들어가는 것은 전혀 다른 사실이라고 말씀하시고, 어떻게 그런 일이 일어날 수 있느냐고 묻는 그에게 주님께서 십자가에 달리셔야 하겠고, 그를 믿음으로만 하나님 나라에 들어가게 된다고 말씀하셨다(요 3:5, 13-15).

그렇다면 예수님께서 말씀하신 중생(거듭남)이란 무엇을 말하는 것일까? 많은 크리스천들이 거듭난 삶을 살자고 말한다. 그러나 거

니고데모: 랍비여 우리가 당신은 하나님께로부터 오신 선생인 줄 아나이다.

예수: 네게 이르노니 사람이 거듭나지 아니하면 하나님의 나라를 볼 수 없느니라.

니고데모: 사람이 늙으면 어떻게 (다시) 날 수 있사옵니까? 두 번 모태에 들어갔다가 날 수 있사옵니까?

예수: 사람이 물과 성령으로 나지 아니하면 하나님 나라에 들어갈 수 없느니라. 육으로 난 것은 육이요, 영으로 난 것은 영이니,

니고데모: 어찌 그러한 일이 있을 수 있나이까?

예수: 모세가 광야에서 뱀을 든 것같이 인자도 들려야 하리니 이는 그를 믿는 자마다 영생을 얻게 하려 하심이라.

듭난 삶이란 너무 막연한 말이고, 거듭남을 너무 개념적으로 이해한 것이기도 하다. 그처럼 막연한 거듭난 삶은 없다. 단지 믿음으로 하나님 나라에 들어가서 부활하신 주님과 함께 살아가는 것이 있을 뿐이다. 거듭난 삶은 이 땅에서 매일 부활하신 주님과 함께 살아가는 생활을 말하는 것이다.

성경을 읽고도 그 의미를 분명하게 깨닫지 못하는 이유는 내러티브라는 독특한 문학형식으로 쓰여진 성경책을 서술적 문장으로 읽거나 아니면 단편적인 단어 정도로 이해하기 때문이다. 지금까지 성경을 읽으면서도 잘못 이해하거나 풀리지 않는 문제들이 있었던 이유는 성경을 히브리인들의 독특한 방법이 아닌 일반적인 책 또는 헬라적 내러티브로 읽었기 때문이라고 말할 수 있다.

2) 내러티브의 구성 요소

내러티브는 '이야기 틀' 을 가진 문장이다. 그렇다면 이야기 틀이란 무엇인가? 이야기는 간단히 말하여 소설이 갖는 특성을 지닌다고 말해도 될 것이다. 소설에는 네 가지 특성이 있다. 이야기의 줄거리가 있고, 이야기의 배경이 되는 상황이 있고, 인물과 그리고 이야기를 써내려 가는 소설가가 있다. 성경도 이 네 가지 요소로 기록되었다. 그러므로 성경을 읽을 때는 이 네 가지 구성 요소를 생각하며 읽어야 한다. 그 중에 어느 것도 소홀히 한다면 이야기는 성립되지 않는다.

가) 사건의 내용

모든 종류의 이야기에는 일련의 사건이 진행된 행위들이 있다. 즉 이것은 이야기의 내용을 구성하는 요소들이다. 내용 없이는 이야기가 존재할 수 없다. 이야기의 내용이 있고야 등장인물이나 배경이 있고 문학적 서술기법이 있고 해석이 있는 것이지, 이야기의 내용이 존재하지 않는데 이런 것들이 있을 수 있겠는가?

그러므로 이야기에서 가장 중요한 것은 이야기의 내용이고, 다음이 이야기의 전개이다. 이야기의 내용은 무엇이고, 어떻게 전개하고 있고, 또 어떻게 표현하고 있는가 하는 점이 이야기를 파악하는 데 중요하다. 성경을 읽을 때도 가장 중요한 것은 성경에 무슨 내용이 기록되어 있고, 어떻게 이야기가 전개되고 있는가를 정확하게 살피면서 읽는 일이다. 이것은 본문을 이해하는 데 필요한 기초이다.

픽션(fiction)은 실제 존재하지 않는 이야기를 거짓으로 꾸며낸 것으로서 일반적인 소설문학을 지칭하는 말인 반면, 성경 내러티브는 철저하게 사실에 근거한다. 성경은 과거에 일어났던 사건에 근거한 글이다. 저자들이 자기들의 상상이나 떠돌아다니는 말들을 기록한 것이 아니다. 성경이 회람된 글로부터 시작되었다는 것이 이를 증명한다. 크리스천 공동체에서 읽혀진 내용이 그곳에 있는 사람들에게서 인정받지 못했다면 그것은 성경으로 존립할 수 없었다는 사실이 이를 반증한다.

그러므로 성경을 잘 읽거나 해석하기 위해서는 이 내용을 정확하게 이해하는 데서부터 출발해야 한다. 성경에서 이야기의 내용들은 스토리로 되어 있기도 하지만, 때로는 시로 되어 있기도 하고, 서신의 형태로 구성되기도 한다. 물론 시와 서신에도 그 안에 스토리가 있다. 이 스토리를 찾아내야 한다.

우리는 필요한 것만을 찾아서 읽는 습관이 있을 뿐더러, 성경을 해석부터 하려는 습관이 있어 본문의 내용을 자세하게 이해하려고 하지 않는다. 성경은 사실에 근거하여 기록된 문서이므로 기록되어 있는 문장 안에는 쓸데없이 사용된 단어나 표현이 하나도 없다고 보아야 한다. 이렇게 볼 때, 성경에서 중요하다고 생각한 것보다 중요하지 않다고 생각했던 내용이 더 중요할 수 있다.

누가복음 19장 1-10절에는 삭개오에 대한 이야기가 나온다. 이 본문의 전체 내용은 무엇인가? 그리고 내용이 어떻게 전개되고 있는가? 어떤 문학적 기법을 사용하고 있는가를 살펴보기로 하자. 성경이 성령의 감동으로 기록되었어도 하나님께서 저자가 가지고 있는 경험과 문학적 소양을 사용하셔서 기록하도록 하였기 때문이다.

누가복음 19장 1절은 예수님께서 여리고를 지나가시는 모습으로부터 시작된다. 그리고 삭개오가 늦게야 예수님을 만나보겠다고 뛰쳐나와 그 일행을 앞질러 나무 위에 앉아 있는 장면으로 이어지고, 드디어 나무 아래 오신 예수님께서 삭개오를 올려다보시면서 "삭개오야 속히 내려오라 내가 오늘 네 집에 유하여야 하겠다"(5절)라고 말씀하신다. 그리고 결론 부분으로 삭개오 집에서 일어난 사건을 소개한다.

이런 정도의 읽기로는 본문의 내용을 충분히 읽었다고 말하기는 어렵다. 문장 하나하나를 자세히 살펴야 하고 또한 거기에 나오는 인물들의 행동과 대화도 소홀히 여기지 말고 주의 깊게 살펴보아야 한다. 그리하여 본문의 내용을 완벽하게 이해해야 한다.

시편 1편에서 중요한 주제는 '시냇가에 심은 나무' 이다. "시냇가에 심은 나무가 철을 따라 열매를 맺으며 그 잎사귀가 마르지 아니함 같으니 그가 하는 모든 일이 다 형통하리로다"(3절). 하나님께 받은 축복은 시냇가에 심겨지는 것으로부터 시작된다. 그래서 시편 1편을 읽으면서 3절을 좋아하고 암송하기도 한다. 반면 2절에 대해서는 그렇게 중요하게 생각하지 않는다. "여호와의 율법을 즐거워하여 그의 율법을 주야로 묵상하는" 일은 우리 자신이 무엇을 해야 한다는 생각 때문인지 관심을 가지지 않는다.

나무가 시냇가에 심겨진 것은 확실히 축복이다. 그러나 시냇가에 심겨진 나무라고 해서 무조건 형통하는가를 물어야 한다. 아니다. 시냇가에 심겨진 나무일지라도 반드시 자기 스스로 물을 먹어야 한다. 그 물을 마시는 방법을 표현한 곳이 바로 2절이다. 그러므로 2절을 지키지 않는다면 시냇가에 심겨진 것도 아무 의미가 없는 것이다. 그 내용을 소개하는 구절이 4절과 5절이다. 이처럼 성경은 어느 구절이나 내용을 소홀히 해서는 안 된다. 자기 좋은 것만 취하고 다른 것을 버리면 동시에 하나님의 축복이 현실적으로 이루어지는 방법을 버리는 것이 되기 때문이다.

나) 인물

이야기 안에 줄거리가 있다면 그 사건(행위)들을 일으키고 이끌어가는 인물들이 반드시 존재하게 된다. 그렇다면 그 인물에 대한 이해가 바로 되어야 문장 내용을 바르게 이해할 수 있을 것이다. 연극을 보는 사람이 연극의 줄거리만 생각할 수는 없다. 관객들은 내용 전개를 따라가면서도 인물의 동작, 언어, 표정, 감정 등을 놓치지 않으려고 노력한다. 인물이 나오지 않는 소설이나 영화를 본 적이 있는가? 소설의 맛은 인물들의 감정이나 행동과 대화에 있다.

성경 본문을 이해하는 데도 거기에 나오는 인물의 성격이나 감정 그리고 행동이나 대화를 이해하는 것이 중요하다. 앞에서 소개한 삭개오 이야기에는 예수님과 삭개오란 인물이 나온다. 삭개오란 인물은 성경에 처음 등장한다. 그런데도 누가복음의 저자는 삭개오에 대하여는 '세관장'이고 부자이며 키가 작다는 것 외에는 다른 언급이 없이 이야기를 전개한다.

그러나 인물에 대한 언급을 자제했을 뿐이지 인물에 대하여 무관심한 것은 아니다. 인물에 대한 더 많은 정보는 이야기 전개 속에 묻어두었을 뿐이다. 성경은 인물의 감정에 대하여도 거의 표현하지 않는다. 그러나 감정을 겉으로 드러내지만 않았지 그들의 행동이나 언어를 살펴보면, 그 안에 그들의 감정이 다 표현되어 있다.

여리고에 들어가 지나가시려 하는 예수님을 보자. 그때의 감정이 어떠하셨는지? 주님의 감정에 대한 표현은 전혀 없다. 그러나 '들어가 지나가시려 한다'는 말 속에는 예수님의 마음의 흐름이 들어 있다. 이런 표현에는 여리고에서 예수님을 만나고 싶어하는 사람이 한 사람도 없었다는 의미도 되고, 예수님도 여리고에서 만나고 싶으신 사람이 한 사람도 없다는 뜻이다. 그리고 외롭게 여리고를 그냥 지나가신다.

그러나 누가복음 전체 맥락에서 보면, 여리고를 지나시는 기간은 예수님 생애 마지막으로 그때 예루살렘으로 올라가시고 마지막 십자가를 지셨다고 보아야 한다. 그러니까 그때는 예수님께서 마지막으로 여리고를 지나가시는 길이다. 그것도 갈릴리에서 2일 내지 3일에 걸려서 여리고에 도착하셨고, 그곳에서 예루살렘으로 올라가기 위해서는 하루 종일 걸어가셔야 한다. 그런 배경에서 예수님의 감정을 이해해야 한다. 삭개오의 경우도 저자는 그의 감정을 전혀 노출시키지 않고 담담하게 기록하고 있다.

> 삭개오라 이름하는 자가 있으니 세리장이요 또한 부자라 그가 예수께서 어떠한 사람인가 하여 보고자 하되 키가 작고 사람이 많아 할 수 없어 앞으로 달려가서 보기 위하여 돌무화과나무에 올라가니 예수께서 그리로 지나가시게 됨이러라(눅 19:2-4).

그러나 삭개오의 행동을 보라. 그는 늦게서야 바삐 서둘러 나온 것처럼 보인다. 왜 늦게 나와야 했을까? 그리고 세리장이란 사람이 나무 위에 올라가 앉아 있는 것은 쉬운 일이 아니다. 그런데도 그처럼 해야 했던 것을 보면, 무슨 사정이 있었던 게 아닐까? 이런 행동 속에는 그의 느낌이나 감정이 포함되어 있다.

그러나 사건 속에 나오는 인물의 행동이 간접적이라면 그들의 대화 내용은 직접적인 중요성을 가지고 있다. 삭개오 이야기의 중요성은 "삭개오야 속히 내려오라"고 하시는 말씀부터 그의 집에서 주고 받은 인물들의 대화가 이 내러티브의 중심이 된다는 사실을 알 수 있다(인물의 행동, 대화 그리고 감정에 대해서는 뒤에서 다시 자세히 다루게 된다.).

성경은 어떤 인물이 좋고 나쁘다고 판단하지 않는다. 다윗과 사울을 비교하면서 사울이 나쁘고 다윗이 옳다고 말한 곳은 한 곳도 없다. 단지 다윗의 생활과 사울 왕의 모습을 비교해서 보여줄 뿐이다. 성경은 어떤 인간을 완전하다고 말하지 않는다. 인간을 상대적으로 좀 좋거나 나쁘다고 표현할 뿐이다. 다윗도 완전한 사람이 아니다. 사울에 비하여 좀 나은 사람일 뿐이다. 흑백논리로 성경을 읽지 말아야 한다. 어떤 인간을 위대하다고 치켜세우지 말아야 한다. 오직 하나님만 온전하시다. 온전하신 하나님의 눈으로 사람을 보아야 한다.

다) 배경

인물들이 일으키는 사건은 시・공간적, 지리적, 역사적 배경 속에서 일어난 일이다. 이 모든 것들을 배경이라고 한다. 성경의 내용도 이전에 일어난 사건을 다루었다면, 그 일이 언제, 어디에서 일어난 것인지 파악해야 한다. 배경을 이해하는 것은 성경 읽기에서 중요한 과정이다. 사건이 일어난 시기와 장소를 상상하며 읽는다면 그 내용이 우리에게 더욱 가깝게 다가올 것이다.

배경을 이해하면 본문을 좀 더 정확하고 현실감 있게 이해하게 될 뿐 아니라 독자는 사건 속에 들어가 자신의 경우와 비교하면서 읽게 되기 때문에 배경 있는 읽기는 곧 자신의 이야기를 읽는 것과 같다.

그런데 성경의 사건이 일어난 배경은 그리 단순하지 않다. 하나의 배경만이 존재하는 게 아니라 다양한 배경이 한 사건 안에 존재하기 때문이다.

본문 안에 배경이 있고(inner-textual setting), 그리고 책 전체 내용의 배경이 있다(inter-textual setting). 삭개오의 이야기에서 본문 안의 배경은 누가복음 19장 1-10절 안에 있는 배경을 말하고, 텍스트 밖의 배경은 누가복음 19장 1-10절 앞뒤에 나오는 배경과 누가복음 전체 맥락에서 이해하는 배경을 말한다. 이 두 개의 배경을 항상 머리에 담고 본문을 읽어야 한다. 소설을 읽으면서 부분만 선택해서 읽는 사람은 없을 것이다. 소설 내용이 전혀 이해가 되지 않기 때문에 앞뒤를 살피면서 배경을 찾게 될 것이다.

삭개오의 이야기를 보면, 이 사건의 내용이 소개되기 전에 예수님께서 여리고에 가까이 이르셨을 때에 눈먼 소경을 고쳐주셨던 사건이 소개되고 있다. 이것은 삭개오의 감정을 이해하는 배경이 된다. 소경이 고침을 받은 사건은 왜 삭개오가 늦게야 예수님께 나왔을까를 추측하게 해주는 키(key) 역할을 해준다. 지금까지는 성경을 읽을 때 배경에 대해서는 생각하지 않고 읽었기 때문에 성경이 딱딱한 교리나 윤리 책으로 생각되었던 것이다.

라) 서술자

모든 이야기는 그것을 전하는 서술자가 있다. 모든 이야기는 그런 서술자(narrator)를 통해서 전달된다. 성경에서 서술자는 바로 책의 저자이다. 서술자는 본문의 내용에서 독자들이 무엇을 주의해서 보아야 하고, 어떤 점을 깊이 이해해야 하는가를 안내한다. 그러므로 성경을 읽을 때는 저자가 무엇을 강조하고 있고, 무엇을 생각하도록 하는가를 생각하면서 읽어야 한다. 그래야 성경이 말하고자 하는 내용을 바르게 들을 수 있다. 이것은 곧 하나님께서 우리에게 말씀하시고자 하는 내용을 바르게 듣는 일이 되기 때문이다.

삭개오의 이야기에서 서술자가 말하는 내용이 무엇인가를 찾아보자. 누가복음 19장 1-4절은 서술자의 진술이다. 7, 10절도 서술자가 전하는 내용이다. 우리는 사건의 전모를 서술자가 전해 주는 것을 통해서만 이해하게 될 뿐이다. 그러므로 성경을 읽을 때, 서술자가 보여주는 내용 외에 독자들이 마음대로 상상해서 말하는 것은 절대로 금해야 한다. 여기서 용납될 수 있는 것은 모든 사람들이 그런 상황이나 처지일 때 공통적으로 가지게 되는 것들은 '일상성' 으로 성경에 적용할 수 있다는 점이다.

예수님께서 여리고를 지나실 때, 얼마나 외로우셨을까 하는 해석은 사람들의 일상성에 의하여 할 수 있는 해석이다. 어떤 사람들은 예수님은 하나님의 아들이었기 때문에 그런 인간적인 감정을 느끼지 않으셨을 것이라고 말하기도 한다. 이것은 예수님께서 하나님의 아들이면서 완전한 인간이었다는 점을 무시하는 말이다. 또 그런 감정을 뒷받침할 수 있는 구절들이 성경에 나오고 있기 때문이다.

내러티브 읽기_예문 ❶

누가복음 19장 1-10절

예수께서 여리고로 들어가 지나가시고 계신다. 갈릴리에서 여리고까지 거리가 100km가 넘기 때문에 이틀에 도착하기도 힘든 거리이다. 그리고 여리고에서 예루살렘까지는 또 하루 길이다. 그런데 예수님께서 여리고까지 오셔서 쉬지도 않으시고 예루살렘을 향하여 사막 길로 들어가고 계신 것이다. 여리고에는 예수님께서 만나고자 하는 사람이 한 사람도 없었다는 말이고, 여리고 사람 중에서 예수님을 만나고 싶어하는 사람도 하나도 없다는 말이다. 누가는 이런 표현을 통하여 많은 말을 독자들에게 하고 싶어한다. 고독하게 무언가를 깊이 생각하시면서 여리고를 지나 예루살렘으로 올라가시는 주님의 외로운 마음, 여리고 사람들의 황량하게 말라버린 마음을 보여준다. 누가복음의 전체 내용을 보면 이 길은 예수님께서 다시 돌아올 수 없는 마지막 예루살렘 길을 가고 계신다(눅 22:17-38; 마지막 유월절 만찬, 22:39-53; 겟세마네 기도 그리고 잡히심).

삭개오 이야기 바로 앞에 나오는 누가복음 18장 35-42절에는 소경 바디매오를 주님께서 고쳐주신 이야기가 나온다. 그렇다면 예수님께서 여리고에 오셨다는 것은 거기 사는 주민들 모두가 알고 있었다는 말이다. 그런데도 막상 여리고를 지나가시는 주님을 붙드는 사람은 하나도 없었다. 그런데 그 중에 삭개오라 이름하는 사람이 예수님을 보고자 늦게서야 뛰쳐나왔다.

이 사람은 부자 이상의 사람이다. 그는 여리고 세관을 관장하는 세리장이다. 당시 가버나움 세관과 여라고 세관은 매우 중요한 곳이었으므로 그곳 세관장들은 권세도 대단했었다고 판단된다. 이 두 곳 세관은, 당시에 무역이 활발했던 곳이었을 뿐 아니라 가버나움 지역은 헤롯 아그립바 왕이 거주하는 지역이고, 여리고는 헤롯의 별장이 있었던 곳이기 때문에 아주 중요한 의미를 갖는 곳이다.

예수께서 여리고를 들어가 지나고 계셨다는 말 뒤에 삭개오가 등장하는 것을 보면 삭개오는 늦게서야 주님을 만나야겠다고 서둘러 나왔다는 느낌이 든다. 왜 그랬을까? 예수님께서 소경을 고쳐주셨던 소식을 듣고 있었을 것이고, 여리고를 지나고 계신다는 사실도 알고 있었을 것인데, 왜 여리고를 지나고 계실 때에야 나왔을까?

삭개오는 왜 돌무화과나무 위에 올라갔을까? 세관장이나 되는 사람이 나무 위에 올라가 앉아 있다는 것은 어찌 보면 동네 사람들에게 웃음거리가 될 수 있는 일이다. 그런데도 삭개오는 그곳에 올라갔다. 우리는 간단히 "키가 작아서"라고 대답한다. 키가 작다고 다 나무에 올라가는가? 키가 작다고 세관장이나 되는 사람이 나무에 올라갈 수 있을까?

누가는 그가 나무 위에 올라간 이유를 '보기 위하여' 그리했다고 한다. '보기 위하여'란 말에는 오래 전부터 보고 싶어했다는 의미가 있다. 나무 위에 올라가서 예수님 오기를 기다리는 그의 마음은 어떠했을까? 누가는 거기에 대하여 아무런 말이 없지만, 독자들이 능히 상상할 수 있는 모습을 보여주고 있다.

그 나무 밑에 오신 예수님은 발걸음을 멈추신다. 그리고 위를 올려다 보신다. 삭개오의 모습을 보시고 뭐라고 하실까? "삭개오야! 속히 내려오라. 내가 오늘 네 집에 유하여야 하겠다." 그냥 나무 위에서 그분이 지나는 것을 살짝 보기만 하려고 한 삭개오다. 그런데 주님이 자기 집에 들어가 머물겠다고 하신 것이다.

누가는 여기에서 아주 의미 있는 '유한다'(머문다)는 동사를 사용한다. 이 동사는 요한복음 15장 1-7절에 나오는 '머문다'(abide)는 뜻과 동일하다. 잠시 나그네로 머물기 위해 들어가시는 게 아니고, 그 집에서 밤을 새고 가신다는 뜻이다. 신학적으로 좀 더 깊게 생각하면 삭개오와 영원히 함께하시겠다는 암시이기도 하다. 이 말을 들은 삭개오는 '급히 내려왔고, 즐거워하며' 예수님을 자기 집으로 영접하였다.

그러나 7절은 예수님께서 삭개오의 집에 들어가서는 안 되는 이유를 제공한다. "뭇 사람이 보고 수군거려 이르되 '저가 죄인의 집에 유하러 들어갔도다.'" 당시 죄인은 불결(부정)한 사람을 말한다. 접촉해서는 안 되는 사람이다. 불결한 사람과 접촉하면 불결해지기 때문이다. 불결해지면 일 주일 동안은 정상적인 일을 할 수 없고, 정결예식을 거친 다음에야 일상생활로 돌아갈 수 있다.

원어의 문자적인 의미로 볼 때, 5절의 '머문다'는 뜻이 하루 저녁을 함께 지낸다는 뜻이라면, 6절에서 사람들이 수군거리면서 한 말, '유하다'의 뜻은 나그네가 잠시 옷을 벗고 쉰다는 뜻이다. 그러니까 여리고 사람들은 예수께서 삭개오의 집에서 하룻밤을 지낸다는 것은 상상도 못하고, 단지 잠시 머물다 가는 것으로 생각했다. 그것조차도 해서는 안 될 일이라고 수군거린 것이다.

예수께서 부정한 사람 집에 들어갔다는 말은 자칭 정결하다는 사람들과는 관계를 끊었다는 말이 된다. 주님은 삭개오와 친구 되기 위하여 그 집에 들어간 것이고, 소위 정결하다는 여리고의 모든 사람들을 잃어버린 것이다. 한 마리의 양을 찾아가는 목자의 모습이다. 자기 집에 온 삭개오는 너무 감격한 나머지 자기 소유 절반을 가난한 사람에게 나누어주겠다고 한다. 그리고 자기가 토색한 것이 있으면 네 곱절이나 갚겠다고 한다. 만약 삭개오의 재산이 10억이라고 한다면 5억을 내놓았고, 토색한 것이 1억이라고 한다면 4억을 내놓은 셈이니 갑자기 그의 재산은 1/10로 줄어든 셈이다. 밭에 감춰진 보화를 발견하고 자기 가진 것을 다 팔아 그 밭을 샀다는 비유를 생각나게 한다(마 13:44-46). 삭개오는 왜 그처럼 막대한 손해를 자초하게 되었을까?

본문에서는 거기에 대하여 아무런 언급이 없다. 단지 예수님께서 삭개오에게 "오늘 구원이 이 집에 이르렀으니"(9절)라고 하신 말씀과 "이 사람도 아브라함의 자손임이로다"(9절)라고 선언하신 내용만 전한다. 예수님께서 이처럼 선언하신 데는 그가 굉장한 재산을 가난한 자들을 위하여 내놓았기 때문이 아니라 삭개오의 마음의 중심을 보셨기 때문이다. 삭개오는 예수님을 얻은 것을 자기 전 재산보다 더 소중하게 여겼다. 예수님은 삭개오가 주님을 온전히 영접하고 그의 중심에 모셨다고 여기셨기 때문에 그 가정에 구원을 선포하신 것이다.

구원은 얻는 것이 아니라, 예수님과 함께 연합하는 것이다. 그러므로 그는 또한 믿음의 조상이요, 구원의 상징인 아브라함의 자손이 된 것이다. 이런 선언은 삭개오 자신에게 주신 것이지만 거기 모여 있는 모든 사람들에게 선포하신 것이다. 특히 삭개오를 죄인이요 불결한 사람이라고 정죄하던 사람들에게 하신 선언이다. '이 삭개오도 당신들과 똑같은 아브라함의 자손' 이라고 선언하신 것이다.

그리고 오늘 본문의 중심 사상을 누가는 10절에 적어놓았다. "인자가 온 것은 잃어버린 자를 찾아 구원하려 함이니라." 삭개오는 잃어버린 자였다. 주님은 그를 찾으셨다. 주님은 삭개오에게 주신 그 사랑으로 우리를 찾아와 주셨고 구원해 주셨다. 삭개오의 이야기는 예수께서 어떻게 잃어버린 자를 찾아 구원하시는가를 보여주는 본보기다.

다. 히브리적 내러티브

1) 표면과 내면을 읽어야 한다

지금까지 우리는 일반문학에서 사용하는 내러티브와 성경 내러티브의 다른 점을 살펴보았다. 성경의 내러티브, 즉 히브리적 내러티브가 헬라적 내러티브와 다른 점도 보았다. 이제 성경 내러티브의 특징을 구체적으로 살펴보겠다. 그 첫째 특성을 간단하게 말한다면 시적(poetic)이라 할 수 있다. 시적이란 말이 시(詩)처럼 짧고 간단한 문장 형식만을 말하는 것은 아니다. 시처럼 함축적인 내용에 많은 의미를 닮고 있다는 뜻이기도 하다.

천상병 시인의 <귀천>이란 시의 마지막 구절을 보자. "나 하늘로 돌아가리라. 아름다운 이 세상 소풍 끝내는 날, 가서, 아름다웠더라고 말하리라." 여기에 나오는 소풍을 끝내고 돌아가는 날을 진짜 초등학교 때 다녔던 소풍으로 이해할 사람은 아무도 없다. 소풍이란 단어 하나로 인생의 전체 의미를 이처럼 맛깔스럽게 표현할 수 있을까?

시는 사실을 적나라하게 다 보여주지 않는다. 시는 시인이 당면해 있거나 경험한 어떤 사건(event)을 주제로 하여 그가 선택한 단어들을 통하여 그림으로 그려가는 절제된 문학 형태이다. 그러므로 시는 시인이 경험한 이야기(story)를 단어와 이미지를 통하여 그려내 문장화한 것이다. 완성된 시는 매우 짧다. 그러면서도 절제된 언어를 통하여 많은 내용의 이야기를 전달해 준다. 이처럼 시는 표면적 표현과 내면적 이야기로 구성되어 있는 것이라고 할 수 있다.

시의 모티브가 되는 경험이나 사건은 겉으로 나타나 있지 않고 글 속에 감춰져 있다. 역사 · 전기적 비평이론에 따르면 이런 경험과 사건은 시를 해석하는 열쇠가 된다. 밖으로 표현된 내용은 독자들에게 무언가를 전달하려는 내용이다. 그러므로 시를 이해하기 위해서는 절제된 언어를 정확하고 아름답게 묘사하는 기법을 정확하게 파악해 내야 한다.

성경의 내용은 그 문장이 짧든지 길든지 시가 지니는 요소들을 지니고 있다. 예수님께서 사용하신 경구 같은 말씀도 시적 표현이고, 돌아온 아들의 비유도 시적으로 표현된 문장이다. 그런가 하면 마가복음이나 사도행전 그리고 로마서 등등 책 전체가 시적 요소로 되어 있다고 해도 과언이 아니다.

사도행전을 놓고 '사도행전은 역사인가? 신학인가?' 하는 논쟁을 벌이기도 한다. 어떻게 보면 역사 같기도 하고, 어떻게 보면 신학을 기록해 놓은 책 같기도 하다. 이것을 놓고 학자들이 수십 년 동안 논쟁해 왔으나 아직도 논쟁은 계속되고 있다. 그러나 더 정확하게 말하면 이 두 가지 요소가 사도행전 안에는 다 포함되어 있다. 나도 40년 전 유학 시절에 사도행전을 공부하면서 역사와 신학을 구분하라는 교수의 말이 이해가 되지 않아서 당황했던 적이 있다.

그러나 내러티브를 이해하고부터 역사와 신학은 내러티브 안에 함께 공존한다는 것을 알게 되었고, 사도행전의 역사와 신학은 논쟁거리가 아니라는 사실을 알게 되었다. 그것이 성경 기술 방법이다. 예루살렘에서 로마까지 복음이 전파된 내용을 다 풀어 쓴다면 얼마나 긴 소설이 되겠는가? 그런데도 누가는 28장이란 짧은 내용으로 그 많은 내용을 다 함축해서 기록해 놓았다. 그것이 사도행전이다. 동시에 그 내용을 통하여 후대 그리스도 교회에 주고 싶은 교훈을 전한다.

내면의 이야기는 신학이고 겉에 표현된 이야기는 역사이다. 어느 쪽에서 보느냐에 따라 역사로도 보이고, 신학으로도 보인다. 시를 이해하기 위하여 사건과 의미의 양면을 읽어내야 하듯이, 성경을 이해하기 위해서도 이 양면을 다 읽어내야 한다. 이것이 히브리인들이 즐겨 쓰는 문학적 방법이다.

창세기 12장에서부터 26장까지는 아브라함과 사라의 이야기다.

그러나 내용을 살펴보면, 아브라함의 일대기를 자세하게 기록한 것이 아님을 발견하게 된다. 아브라함이 어떻게 자랐는지? 어떤 성격의 소유자인지? 어떤 직업을 가지고 살았는지? 어떻게 사라를 만나 결혼했는지? 어떤 교육을 받았는지? 그의 가정 형편은 어떠했는지? 가나안에 들어와서는 어떻게 생활했는지? 이런 부분에 대해선 아무런 언급이 없다. 단지 그가 75세가 되어 하나님께서 하란에서 그를 부른 것으로부터 이야기는 시작된다. 그리고 창세기에 기록된 모든 내용을 보면 하나님과의 관계에서 필요한 부분만을 기록해 놓았지 아브라함의 사생활을 기술한 곳은 한 곳도 없다. 그것도 어느 부분은 간결하게, 또 어떤 부분은 지루하다 싶을 정도로 장황하게 기록했다.

이미 언급했지만 창세기 24장을 보면 아브라함이 리브가를 며느리로 맞아들이는 이야기는 무려 67절에 걸쳐서 기록했다. 며느리 얻는 일이 뭐 그리 중요하다고 이렇게 시시콜콜 기록한 것일까? 그러나 창세기 저자에게 이 사건은 아주 중요한 내용이다. 독자들에게 말하고 싶은 중요한 의미가 그 안에 있기에 이처럼 장황하게 기록한 것이다.

이삭의 아내를 얻는 이야기는 아브라함의 믿음의 절정을 이야기하는 것이고, 우리 신앙의 절정이 무엇인가를 보여주는 것이기 때문이다. 이처럼 창세기의 기록자가 12장에서 25장 11절까지의 내용을 특별한 방법으로 기록한 이유는 물론 유대인들의 조상 아브라함과 사라의 이야기를 전하려고 한 것이다. 동시에 그 이야기를 통하여 유대 후손들에게 그리고 후대 독자들에게 다른 의미와 진리를 전달하려고 의도했기 때문이다.

24장의 내용은 아브라함이 며느리 얻는 이야기이지만, 사실 그 내용을 자세히 들여다보면 하나님의 사람들이 어떻게 하나님과 함께 살아가야 하는지를 구체적으로 보여주는 내용이다. 아브라함이 하나님의 언약을 통하여 며느리까지도 선택해 주실 것을 믿는 믿음이라든지, 그래서 종을 보내는 담대한 자세라든지, 또 그 종의 자세를 통하여 하나님의 인도를 받는 비결을 보여주고 있다. 오늘로 말하면 성령의 인도를 받는 비결이다.

2) 내러티브는 강요하지 않는다

내러티브는 사실을 근거로 하여 전개하는 문학 형태라고 했다. 이 말은 내러티브는 신뢰를 전제로 하는 문학이라는 말이다. 성경의 저자들은 조급하지도 않고 서두르지도 않는다. 단지 자기가 전하려고 하는 하나님에 대한 이야기를 담담하게 기술할 뿐이다.

아마도 성경 저자들은, 하나님과 같은 위대한 분은 정확하게 이해하고 만나기만 한다면 마치 블랙홀처럼 그분에게 빨려 들어가지 않을 수 없다는 확신을 가졌던 사람들로 보인다. 그렇기 때문에 과장하거나 겉으로 나타나도록 강조해서 말하지 않고, 그들은 전하려고 하는 내용을 그냥 펼쳐놓는다. 생략하기도 하고, 암시하기도 하고 축소하면서 담담하게 서술해 나간다.

그렇기 때문에 성경은 읽는 책이기보다는 듣는 책이요, 보는 책이라 할 수 있다. 따라서 우리는 성경 저자들이 들려주려고 하는 이야기를 잘 들어야 할 뿐 아니라, 그들이 보여주려고 하는 그림을 잘 보아야 한다. 이처럼 내용을 암시하거나 생략하고 이미지를 띠며 담담하게 전개해 나간다는 것은 독자들로 하여금 읽고 스스로 느끼고 깨닫고 결단하라는 것이다.

그뿐 아니라 성경은 독자들이 참여할 수 있는 많은 여백을 남겨두었다. 그리하여 독자들로 하여금 그 말씀 안에 들어와 그런 부분을 찾아서 메꿔가며 읽어 달라고 부탁하기도 한다. 그러므로 성경은 들려주고 보여주는 책이요, 독자들로 하여금 읽어가면서 질문을 던지며, 대화하며 스스로 진리를 찾아내고 이해하고 결단하도록 하는 책이다.

서술문이나 논설은 어떤 사실을 강요하고 결단을 촉구하는 문장이다. 이런 문장은 인간 이성에 호소한다. 그러나 스토리는 사람들의 생활 속에 진리를 담아 전달하는 형식이기 때문에 그분의 상황 속에서 진리를 이해하도록 함으로써 인간 이성이 아니라 가슴으로 이해하게 되고, 스스로 결단하고 그 진리를 생활로 옮기게 한다.

요한복음 3장 16절을 읽어보자. “하나님이 세상을 이처럼 사랑하사 독생자를 주셨으니 이는 그를 믿는 자마다 멸망하지 않고 영생을 얻게 하려 하심이라.” 만일 어떤 사람이 이 구절을 읽어주며 성경에 이렇게 쓰여 있으니 믿으라고 강요한다면 이것은 하나님을 독재자로 만드는 게 된다.

잠깐만 생각해 보자. 이 구절에는 '믿으라' 는 말만 있는 게 아니다. 먼저 하나님이 소개된다. 하나님이 세상을 이처럼 사랑하사 독생자를 주셨다고 한다. 독생자를 주셨다는 말 속에도 굉장한 스토리가 들어 있다. 이 말 속에 들어 있는 이야기를 생각하면서 읽는다면 그 속에서 하나님의 사랑을 느끼게 될 것이다. 그리고 결과적으로 영생을 주시리라고 한다.

'믿으라' 는 단어도 명령형이 아니라, 믿는다는 동사의 분사형을 사용하여 '믿는 사람' 이라는 뜻을 나타낸다. 성경은 이처럼 강요하지 않고 느끼게 하고, 사실을 정확하게 이해하게 만든다. 그리고 본인 스스로 결단하게 한다.

성경을 많이 안다는 사람들 중에는 어떤 기존 틀에 박혀, 독단적 사고 안에 갇혀 사는 사람들이 많다. 그들은 성경이 어떤 사건이나 진리를 딱딱하게 기록해 놓은 책이고, 일방적으로 그 진리를 강요하고 설득하려는 책이라고 생각하기 때문이다. 그러나 이야기 틀로 기록된 성경은 진리를 강요하지도 않고, 독자들을 설득하려고도 않는다.

물론 예언서는 좀 다른 장르지만, 일반적으로 성경은 우리가 생각하는 설득의 방법은 사용하지 않는다. 그저 재미있게 읽고 독자 스스로 이해하고 감동하고 결단하도록 기록된 책이다. 혹 기독교를 떠나는 사람들이 성경이나 기독교 진리는 독단적으로 강요하는 게 싫어서 떠난다고 말하기도 한다. 이것은 성경에 대한 이해가 크게 잘못되어 있기 때문이다.

현대의 화두는 "소통"이다. 성경은 소통을 전제하고 있는 책이다. 그런 면에서 성경은 들려주고 보여준다. 독자들로 하여금 성경 안에 들어가 그 안에 있는 인물들의 이야기도 듣고, 그분들과 대화를 나누도록 초청하는 책이다.

창세기 31장에서 야곱이 외삼촌을 떠나 집으로 돌아가는 이야기는 그 당시 사회의 심각한 문제를 다룬 중요한 내용이다. 그러나 본문 어디를 읽어도 그처럼 심각한 내용은 나타나 있지 않다. 창세기 31장 30-36절까지는 라반이 자기 집의 수호신인 드라빔을 찾는 내용이다. 드라빔을 찾는 내용이 뭐가 그리 중요해서 여기에 일곱 절이나 소비하는 것일까? 우선 이 이야기의 내용을 보면, 드라빔을 놓고 라반과 야곱이 신경전을 벌인다.

만약 드라빔이 발견되면 그것을 가져온 사람은 죽여도 된다고 야곱은 말한다. 야곱은 라헬이 그것을 가져온 줄을 모르고 그처럼 이야기한 것이다. 만약 라헬이 가지고 있다는 것이 발견된다면 어떻게 되었겠는가? 그것이 생명을 걸 만큼 심각한 것인가 의문이 간다. 다행히도 라헬이 드라빔을 낙타 안장 아래 넣고 그 위에 앉아 있었고, 자기가 지금 생리 기간이기 때문에 말에서 내릴 수가 없다고 핑계를 대고 위기를 벗어난다.

이런 시시콜콜한 이야기를 왜 길게 늘어놓는 것일까? 당시 이스라엘의 문화를 모르는 우리에겐 이런 이야기가 재미도 없고 의미도 없게 들린다. 그러나 이스라엘인들은 이 글을 읽을 때마다 웃음을 터뜨릴 것이다. 웃음을 터뜨릴 뿐 아니라 심각하게 생각해 볼 것이다.

왜냐하면 라반이 드라빔을 찾기 위하여 먼 곳까지 쫓아왔을 뿐 아니라(창 31:30), 사람의 생명까지 걸고 그것을 찾으려 한 것을 보면 드라빔은 그 가정에 대단히 소중한 물건임에 틀림이 없는데, 그처럼 소중한 드라빔이 라헬이란 여인의 엉덩이에 깔려 있었기 때문이다. 그것도 생리 기간이어서 피가 흐르는 엉덩이 밑에 깔려 있다.

유대인에게 피는 부정한 것이다. 그처럼 신성시하는 가정의 수호신인 드라빔이 피 묻은 여자의 엉덩이에 깔려 있으면서도 꼼짝도 못하는 죽은 나무 조각이라는 것이다. 그런 것이 어떻게 가정 수호신이 될 수 있느냐고 역설적으로 묻고 있는 것이다(창 31:34-35).

이 내용은 확실히 야곱의 드라빔 이야기다. 그러나 이 이야기는 당시 나무 조각(혹 은)으로 된 드라빔 우상을 가정 수호신으로 섬기는 일이 널리 퍼져 있었기 때문에 이런 어리석은 문화를 경계하도록 깨우치려고 하는 의도가 본문 안에 숨겨져 있다. 현대인들 같으면 이렇게 말했을 것이다.

"요즘 우리 사회에 어리석게도 드라빔 같은 것을 가정 수호신으로 섬기는 일이 있는데, 이것은 어리석은 우상숭배입니다. 이런 우상을 가정에서 다 제거하십시오. 그런 나무로 된 것이 가정에 무슨 복을 가져온다는 말입니까?"

그러나 성경은 그처럼 일방적으로 강요하지 않는다. 그런 말도 안 되는 우상을 생명처럼 여기는 라반이나 또 그런 우상을 훔쳐 온 라헬의 생생한 현실적인 삶을 들려주고 라헬의 말 안장 밑에 깔려 있는 우상의 모습을 묘사하여 드라빔을 섬기는 일이 얼마나 어리석은 일인가를 독자들이 직접 느끼도록 이야기로 들려준다. 겉으로는 우상 숭배를 하지 말라고 강요하지 않는다. 그러나 독자들로 하여금 우상 숭배가 얼마나 어리석은 일인가를 깊이 느끼도록 해준다.

이종록 교수는 이렇게 말한다.

> 역사비평은 성경 본문을 넘어서 역사적으로 존재했던 하나의 솔로몬을 찾아내려고 한다. 하지만 서사비평은 그럴 필요가 없다. 열왕기의 솔로몬과 역대기의 솔로몬을 조화시키고, 또 역사적인 연구 결과를 따를 필요도 없다. 우리는 솔로몬 이야기를 읽으면서 그 이야기 세계 속으로 들어가면 된다.

그렇다고 해서 내러티브 문장이 어수룩하다는 말은 아니다. 어떤 면에서는 대단히 논리적인 문장이다. 일반적으로 말하는 논리와는 다른 또 다른 논리를 말하는 것이다.

하나님은 단언적으로 명령하시는 분은 아니시지만, 하나님께서 자기 백성들에게 무엇을 하라고 하실 때는 왜 그렇게 해야 하는지(why)에 대하여 반드시 설명해 주신다. 그리고 어떻게 살아야 하는

가에 대한 방법(how)도 반드시 제시해 주신다. 무엇을(what), 왜(why), 그리고 어떻게(how) 살아야 하는지도 말씀해 주신다.

출애굽기 19장 1-6절은 대단히 중요한 구절이다. 5절에서 하나님께서는 이스라엘을 향하여 "너희가 내 말을 잘 듣고 내 언약을 지키면" 하고 말씀하신다. 그렇다면 왜 그런 명령을 내리시는가? 그 이유(why)는 19장 4절에 밝히고 있다. "내가 애굽 사람에게 어떻게 행하였음과 내가 어떻게 독수리 날개로 너희를 업어 내게로 인도하였음을 너희가 보았느니라."

그렇게 살면 어떻게 되는가? 다음에 이스라엘에게 주실 축복의 내용이 나온다. "너희가 내게 대하여 제사장 나라가 되며 거룩한 백성이 되리라"(6절). 이처럼 중요한 내용임에도 강요가 없다. 담담하게 선언할 뿐이다. 그러나 그 결과는 대단히 무섭고 냉혹하다. 교인들에게 하나님이 우리를 제사장 나라로 삼으셨다고 아무리 축복을 하고, 교인들이 '아멘' 을 외친다고 해도 하나님의 은혜에 감격하여 하나님의 말씀을 잘 듣고 그 언약을 지키지 않으면 결코 제사장 나라는 되지 못한다. 유대 나라는 하나님의 명령을 거부하며 살았기 때문에 바벨론에게 멸망한 것이다.

예레미야 시대에 이스라엘 백성들은 성전에 모이는 일에 열심이었다. 모이기도 힘쓰고, 기도도 열심히 하였다. 그러나 그들은 하나님이 제시한 방법대로 살지 않았다(렘 7:5-11). 그래서 하나님께서는 예레미야를 시켜 성전에 예배하러 올라오는 사람들에게 경고하라 하셨다. "너희는 이것이 여호와의 성전이라, 여호와의 성전이라, 여호와의 성전이라 하는 거짓말을 믿지 말라”(렘 7:4). 예배하러 올라가는 무리들을 향하여 성전 문을 가로막으며 외치는 예레미야를 상상해 보라.

그렇다면 어떻게 하나님의 언약을 지켜야 하는가? 그 내용은 벌써 출애굽기 15장 22절-18장 27절에 기록되었고, 출애굽기 20장에서부터 다시 시작된다. 이 말씀은 모세 오경에 기록된 내용들이라고 해도 좋을 것이다.

3) 내러티브는 요약되지 않는다

어느 소설가가 장편 소설을 써서 출판사로 원고를 보냈다고 한다. 출판사 측에서는 원고가 너무 길어서 다 읽어볼 시간이 없으니 내용을 줄여서 보내달라고 했다. 내용을 줄여서 보냈으나 출판사에서 다시 연락이 왔다. 이것도 많으니 좀 더 줄여서 보내달라고. 소설가는 다시 요약해서 보냈지만 출판사 측에서는 그래도 너무 길다고 하면서 또 요약해서 보내달라고 했다. 소설가는 다시 더 짧게 요약해서 보냈다. 하지만 돌아온 답변은, 그런 내용의 소설은 너무 많아서 출판할 수 없다는 것이었다고 한다.

내러티브의 특징은 요약할 수 없다는 점이다. 이야기는 요약할 수 없다. 요약하면 그 안에 있는 내면의 이야기가 사라져버린다. 내면의 이야기가 사라진다는 말은 곧 이야기에서 담고 있는 생명력을 상실하게 된다는 말이다. 생명력이 사라지면 생동감 있게 우리 영혼에 대고 말하던 감동이 사라질 뿐 아니라, 그 말씀과 우리와의 관계성이 사라진다. 삶의 정황이 사라져버린 교리나 교훈만 남기 때문이다.

성경은 전체 내용이 그대로 전달될 때 비로소 살아 있는 말씀이 된다. 그것을 요약하면 생명은 죽고 만다.

우리는 오순절 운동이라고 해서 불과 바람 같은 성령을 받기 위하여 가끔 기도한다. 오순절에 나타났던 것과 같이 불과 바람으로 성령이 오시기를 기도한다. 그러나 그런 응답은 일어나지 않았다. 우리나라에서 1907년에 나타난 평양 대부흥운동을 제하고는 그런 일이 일어났다는 말을 듣지 못했다.

왜 그럴까? 그것은 본문의 요약만으로 오순절을 이해하고 있기 때문이다. 외견상의 의미가 아니라, 내면의 의미를 이해하고 성령으로 능력 받고 성령의 인도를 따라 복음 전하기를 기도했다면 이전보다 훨씬 더 많은 성령의 역사를 통하여 복음이 힘 있게 온 세상으로 전파되었을 것이다. 그리고 성령님의 계획을 더 깊이 깨닫게 되고, 그분의 능력도 훨씬 강하게 느끼며 복음을 전할 수 있었을 것이다.

초대교회 그리스도인들은 성령의 계획에 따라 성령이 인도해 주심을 자주 깨달았다. 또 그때마다 성령의 능력이 함께하심을 느끼지 않았겠는가? 사도 베드로(행 2:14-41, 3:1-26, 10:1-48)가 성전 미문에서 앉은뱅이를 고치고 난 후에, 예루살렘 교회(행 2:42-47, 4:32-37)가 성령 충만 받은 후에, 그리고 스데반(행 6:8-8:1)이 순교를 당한 후에 예루살렘 교회는 성령께서 교회를 어떻게 인도하셨는가를 분명하게 깨닫고 행동하였다.

우리는 전도자 빌립(행 8:26-40), 바울(행 9:1-31, 13:1-3, 16:6-10, 11:27-28:31)의 역사에서 성령의 두 가지 역사를 깊이 깨닫게 된다. 특히 사도행전 16장 6-10절은 성령의 계획과 능력을 사도 바울 자신이 다시 한 번 분명하게 깨닫게 된 사건이다. 오순절에 대한 초대교회의 이해는 우리와 무언가 달랐다는 이야기다.

유진 피터슨(Eugene H. Peterson) 교수는 성경의 이야기 형식을 이렇게 말한다.

> 이야기는 언어로 만들어질 수 있는 가장 섬세한 형태이며 성인들에게도 막강한 영향력을 발휘할 수 있는 언어 형태이다. 따라서 성경의 말씀이 믿음의 공동체의 마음과 기억 속에 늘 생생하게 살아 있도록 하는 데 특별한 책임을 지고 있는 목회자들은 성경이 오늘 우리에게까지 전달되는 데 결정적인 방편이 된 이야기의 진가를 올바로 인식해야만 한다.

엘리자베스 악트마이어(Elizabeth Achtemeier) 교수는 《창의적 설교》(Creative Preaching)에서 이렇게 말한다.

> 인류를 구원하시는 하나님의 구원 이야기는 우리의 심금을 울릴 수 있도록 성경의 장르들을 통해 우리에게 제시되었다. 그러므로

> 우리가 그 이야기를 설교하려면 반드시 그 본문과 동일한 이야기 효과를 낼 수 있는 말과 형식을 취해서 전해야 한다. 그런데 어째서 우리는 하나님의 사랑을 하나의 명제로 바꾸는가?

4) 내러티브는 하나님을 만나도록 한다

주해 설교가로 유명한 해던 로빈슨(Haddon Robinson) 교수는 이렇게 말한다.

> 내러티브는 구약성경에서 중요한 장르 중의 한 부분을 차지하고 있기 때문에, 성경적인 설교를 시도하는 설교자들은 이러한 내러티브를 올바로 이해해야 한다. 과거에 들어왔던 이야기들이지만 성인 된 우리는 이러한 이야기를 새로운 눈으로 관찰해야 하며, 이러한 이야기를 작성한 저자들이 사용한 적절한 문학 장치들을 올바로 파악해야 한다. 성경의 저자들은 대단한 이야기꾼들이었을 뿐 아니라, 이야기를 통해서 독자들에게 하나님에 대하여 가르쳤던 탁월한 신학자들이기도 하였다. 우리는 성경의 여러 이야기들을 새로운 방식으로 다시 읽을 수 있으며, 이를 통해서 성경의 저자들이 오늘의 독자들의 처지와 형편에 대해서 얼마나 풍부하게 말하고 있는지를 느낄 수도 있다. 그러나 좀 더 주목할 만한 것은 이러한 이야기를 통해서 결국 우리는 하나님을 볼 수 있다는 사실이다.

성경은 언뜻 보면 사람들의 이야기다. 아브라함의 이야기고, 모세의 이야기고, 베드로의 이야기 그리고 바울의 이야기다. 누가가 들려주는 삭개오 사건도 언뜻 보면 삭개오의 이야기로 보인다. 그래서 삭개오처럼 살아야 한다고 말한다. 그러나 조금만 깊이 읽으면 삭개오 사건도 삭개오란 인간의 이야기가 아니라 예수님의 이야기란 점을 알 수 있다. 삭개오가 예수님을 만나보려고 나무 위에 올라가 있었기 때문에 예수님을 만난 것이 아니냐고 할 수 있다.

그러나 삭개오가 예수가 어떤 사람인지 '보고자 하되' 라는 말의 의미를 찾아보면, 'έηζτει' (에제테이)는 '그가 오래 전부터 예수님을 보고자 했었다' 는 의미를 가진 단어이다. 무언가가 그로 하여금 예수님을 보고 싶어하도록 만들었을 것이다. 그분이 예수님 자신이 아니겠는가? 삭개오에게 계속해서 들려왔던 예수님에 대한 이야기가 그로 하여금 그분에 대하여 관심을 갖게 하였고 마침내 만나고 싶어하는 간절함을 만들어 낸 것이다. 이처럼 예수님은 그가 찾아오도록 하신 것이다. 그가 나무 위에 올라가 있을 때 그를 부르셨고, 그의 집에 들어가서 머무셨다. 그러므로 삭개오의 이야기는 버려진 한 사람을 천하보다 귀하게 여기시고 찾으시는 하나님의 이야기가 된다.

결국 성경에 나오는 모든 인물들의 이야기는 하나님의 이야기다. 성경을 읽으면서 하나님이 보여야 한다. 그리하면 그 많은 사람들이 어떻게 하나님을 만났고, 하나님의 사랑을 받았고, 하나님과 함께 살았는가를 읽으면서 독자들은 자연스럽게 하나님을 간접적으로 경험하게 될 것이다. 그뿐 아니라 그 말씀을 지니고 살아가면서 살아계신 하나님을 만나게 된다. 성경은 이처럼 독자들로 하여금 하나님을 만나도록 기록한 책이다.

5) 해석이 아니라 읽기가 중요하다

많은 크리스천들은 성경이 해석을 필요로 하는 책이라고 이해하고 있다. 물론 특별한 해석도 필요하겠지만 성경은 읽기만 잘하면 해석이 필요없는 책이라고 말하고 싶다. 내가 봉사하던 교회의 어떤 분은 성경공부 시간만 되면 주석책을 참고한 글들을 빽빽하게 써가지고 와서 발표하기에 바빴다. 그러던 그가 몇 년 동안 성경공부를 하고 나서 나를 찾아왔다. 그가 한 말은 "이젠 주석책을 의지하지 않고 성경을 읽을 수 있게 되었습니다" 하는 것이었다. 주석책 없이 성경을 읽을 수 있도록 가르쳐주어 고맙다는 말도 빼놓지 않았다.

현대 교인들은 성경 해석에 능하다. 성경 내용을 물으면 해석부터 말한다. 목회자들이 해석에 능하기 때문에 교인들도 해석에 능하게 되었을 것이다. 그런데 정작 성경 본문의 내용은 자세히 모르는 경우가 많다. 성경 내용을 정확하게 모르는데 어떻게 성경을 정확하게 해석할 수 있는지 그게 궁금하다. 성경 해석은 그 본문 자체 안에서 되어야 한다. 왜냐하면 성경 저자가 분명한 목적에 따라 본문을 구성해 놓았기 때문에 일차적으로는 본문에 충실해야 한다.

그다음에 다른 성경 구절의 도움이 필요하면 도움을 받아야 한다. 본문을 다루지도 않고 다른 성경 구절부터 인용하는 방법은 아주 잘못된 것이다. 성경 구절은 각기 상황에 따라 기록되었기 때문에 단어는 비슷해도 의미는 다를 때가 많다. 이런 구절들을 줄줄이 외어댄다고 해서 성경을 잘 아는 것도 아니고, 성경을 바로 해석하는 것도 결코 아니다.

오순절 성령 강림에 대한 본문을 살펴보자. 왜 성령께서 불로, 바람으로 임하셨을까? 아마도 이 말을 들은 분들은 다른 성경 구절을 찾기에 바쁠 것이다. 그러나 여기에 대한 해답은 본문 안에서 찾아야 정확하지 다른 어느 구절을 가져다 해석을 해도 바른 해석은 나올 수 없을 것이다.

사도행전 2장 1-4절을 좀 더 자세히 읽어보자. 본문은 성령께서 단순하게 바람으로 그리고 불로 임하셨다고 말하지 않았다. “급하고 강한 바람 같은 소리가 있어 그들이 앉은 온 집에 가득하며”(2절)라고 기록하였다. 그리고 “마치 불의 혀처럼 갈라지는 것들이 그들에게 보여 각 사람 위에 하나씩 임하여 있더니”(3절)라고 되어 있다. 왜 이처럼 바람과 불을 자세하게 묘사했을까? 그 당시 상황을 정확하게 보여주려고 한 것일까? 물론 그렇다. 그러나 그것만은 아닐 것이다.

좀 더 자세하게 생각해 보자. 바람은 ‘급하고 강한 바람’ 이다. 성경은 의미 없이 사용한 단어나 표현이 없다. 그렇다면 여기서도 저자가 표현한 '급하고 강하다' 는 말은 대단히 중요한 의미를 지닌다. 급하다는 말은 풍속이 빠른 것을 의미한다. 강하다는 것은 바람이 지닌 힘을 말한다. 우리로 말하면 태풍을 의미한다고 할 수 있겠다. 그런데 실제로 바람이 불어온 것은 아니고, 바람 같은 소리가 그들이 앉은 온 집에 가득하였다.

그렇다면 이것은 무엇을 말하려고 하는 것일까? 바람이 불어온 것은 아니고, 바람 소리 같은 것이 모인 사람들 위에 임했다고 하니까 그것은 단순히 성령께서 바람으로 임하셨다는 것을 말하려는 것 같지는 않다. 또 다른 무엇인가를 의미하고 있다고 생각된다.

태풍은 불어오는 속도가 있고, 태풍이 지니고 있는 힘(power)이 있다. 그리고 태풍이 지나가는 진로(進路)가 있다. 그렇다면 이것은 성령의 어떤 성품을 말하려고 하는 것으로 볼 수 있다. 예수님도 "바람이 임의로 불매 네가 그 소리는 들어도 어디서 와서 어디로 가는지 알지 못하나니 성령으로 난 사람도 다 그러하니라"(요 3:8)고 하셨다. '바람이 임의로 분다' 고 하신 것이다.

불에 대해서도 단순히 '불' 이라고 하지 않았다. 불의 혀처럼 갈라지는 것들이 그들에게 보였다고 한다. 불의 혀가 갈라지는 것들이 보였다. 많은 불꽃이 갈라져 내려오는 모습을 보았다는 뜻이다. 그리고 그 불꽃은 각 사람 위에 임했다. 실제로 불처럼 뜨거움을 느낀 것은 아니다. 갈라진 불의 혀가 각 사람 위에 하나씩 임하였다고 하였으니까, 그곳에 120명이 모여 있었다면 120개의 불의 혀가 나타난 것이다. 그리고 모인 사람들이 모두 다 성령이 충만하였다.

자세히 보면 여기서 불이 중요한 게 아니라, 불이 내려온 형태가 더 중요하다는 생각이 든다. 여기서 불은 무엇을 상징하는 것일까? 사람들의 죄를 태우고 깨끗하게 하는 상징일까? 이것이 전통적인 해석이다.

그러나 그것만은 아닐 것이다. 불이 혀처럼 갈라지면서 각 사람 위에 하나씩 임했고, 그곳에 모인 모든 사람 위에 충만히 임했다고 했다면 이 모습은 죄를 태우는 것을 의미하는 것 같지는 않다. 그보다 더 깊은 의미가 있다는 생각이 든다. 각 사람이, 그리고 모인 모든 사람이 불처럼 성령으로 충만하게 되었다. 불의 모습이지 뜨거웠던 것은 아니다. 그렇다면 이것은 무엇을 의미하는 것일까?

예수님께서 승천하시기 전에 말씀하신 사도행전 1장 8절과 그리고 뒤에 이어지는 사도행전 전체의 내용과 연관지어 생각해야 한다. "성령이 너희에게 임하시면 너희가 권능을 받고 예루살렘과 온 유대와 사마리아와 땅 끝까지 이르러 내 증인이 되리라 하시니라." 복음이 예루살렘으로부터 땅 끝까지 전파되는 것은 성령 받은 사람들의 계획에 의해서가 아니라 성령의 계획으로 이루어지고, 땅 끝까지 그들이 예수 그리스도의 증인이 될 수 있는 것도 그들의 의지적인 노력이 아니라 전적으로 성령의 능력으로 이루어진다.

여기에 성령께서 일하시는 두 가지 요소가 나타난다. 첫째는 복음을 전파하기 위하여 성령께서 자신의 계획에 따라 이끌어가신다는 것과 둘째는 복음 전파를 이루어가도록 교회에 주시는 능력(권능)이다. 사도행전 3장에서 마지막 28장까지의 내용은 성령께서 어떤 계획으로 로마까지 복음을 전하도록 교회들을 인도하셨으며, 또 그 일을 이루도록 어떻게 능력으로 역사하셨는가를 보여준다.

이렇게 보면, 바람과 불은 곧 사도행전 1장 8절에서 말하는 성령의 능력(불)과 그분의 뜻대로 인도하시는 성령의 이끄심(바람)을 오순절에 실제로 보여주신 것이다.

라. 예수님의 내러티브

1) 예수는 지혜의 선생(a sage)

지혜의 근본적인 관심은 하나다. 인간이라면 어떻게 살 것인가? 또 어떤 사람으로 살 것인가? 그 대답을 길이라고 부른다. 초기 기독교를 부를 때 '길'(The Way)이라고 부른 이유도 여기에 있다(행 9:2, 22:4). 지혜(wisdom)에는 두 길이 있다.

첫 번째는 명령하는 길이다. 즉 다른 사람으로 하여금 따라오도록 경고하고 가르치는 길이다. 이런 지혜를 '관습적인 지혜'(conventional wisdom)라고 부른다. 이런 지혜는 모든 사람들이 알고 있는 지혜다.

두 번째는 선택하는 지혜(alternative wisdom)다. 이것은 관습적인 것과는 전혀 다른 방법이다. 이것은 말하는 사람이 모든 걸 다 결정해 놓고 듣는 사람으로 하여금 단지 그것을 받아들이도록 강요하는 방법이 아니라, 이야기를 들려주고, 듣는 사람들로 하여금 느끼고 생각하고 그다음에 선택하도록 하는 방법이다.

예수님이 사용하신 방법은 후자이다. 좋은 예가 넓은 길과 좁은 길에 대한 비유이다. 넓은 길을 보여주고, 좁은 길을 보여주고, 그 결과를 말해 준다. 그리고 듣는 사람들에게 어느 길을 선택하여 가겠는가를 선택하도록 한다(마 7:13-14). 여기서 넓은 길은 관습을 따르는 길이고, 좁은 길은 자신의 결단에 따라 선택해야 하는 길이다.

구술적 방법(Oral teacher)으로 사람들을 가르치셨던 예수님이 사용하신 방법은 주로 격언과 비유(aphorism and parables)이다. 격언은 가장 짧은 이야기 형태이다. 그러나 그 안에는 긴 이야기가 들어 있다. "심령이 가난한 자는 복이 있나니 천국이 그들의 것임이요"(마 5:3). 아주 짧은 격언 같은 말씀이다. 심령이 가난하다는 말 속에는 심령이 부유하다고 자처하는 사람들이 숨겨져 있다. 이처럼 이 말씀 안에는 심령이 가난한 자와 부유한 자들의 이야기가 담겨져 있다.

그들의 문화 속에 누가 가난한 자이고, 누가 부유한 자인가가 들어 있고, 이들이 실제로 그 당시에 어떻게 살고 있는가를 담고 있다. 당시에 이 말씀을 들은 청자와 독자들은 그 말이 무엇을 암시하는가를 다 알고 있었다. 다른 문화에서 살고 있는 우리에게는 그들의 사회생활과 문화를 이해해야만 알 수 있는 내용들이다.

특별히 마가복음에서는 누가 심령이 가난한 자들이고, 누가 심령이 부유한 자들인가를 잘 보여주고 있다. 심령이 가난했던 사람들은 주님께 나와서 고침을 받았던 나병환자(막 1:40-45), 혈루증으로 고생하던 여인(막 5:25-34), 수로보니게 여인(막 7:24-30) 등이다. 심령이 부유했던 사람들은 제사장들, 그리고 당시 유대 종교지도자들이었다는 것은 말할 필요도 없다.

격언 같은 경구는 진리를 요약한 게 아니다. 긴 이야기를 절제 있는 언어와 이미지를 사용하여 전달한다. 그러므로 격언과 경구에는 그 말을 들은 청중들이 생각해야 하는 줄거리(clues)가 있다.

"심령이 가난한 자가 복이 있다"고 하셨을 때, 그 말을 듣는 사람들은 당시에 부요하다고 자만하며 가난하고 병든 자들을 부정하다고 회당에서 쫓아내고 사회에서 소외시켰던 자들을 생각했을 것이고, 또 추방되고 소외당하며 살던 사람들을 생각했을 것이다. 동시에 자기들은 어떤 입장에서 행동하며 살았는지도 돌이켜보게 될 것이다. 이런 이야기들이 겉으로 드러나지는 않았지만 예수님의 말씀 속에는 깊이 박혀 있다.

예수님은 자기 아버지를 장사하고 따르겠다고 하는 사람에게 "죽은 자들이 그들의 죽은 자들을 장사하게 하라"(마 8:22; 눅 9:60)고 말씀하셨다. 주님이 말씀하신 '죽은 자들'은 남성 복수 명사이다. 그러니까 이 사람의 아버지 한 사람에 대한 말이 아닌 일반적인 사람들에게 해당하는 말씀이라고 할 수 있다. 앞에 언급한 '죽은 자들'을 '영적으로 죽은 자들'로 해석하는 사람들이 많다. 그러니까 영적으로 죽은 자들이 죽은 자들을 장사하게 하라는 뜻으로 해석하기도 한다. 그처럼 해석하면 예수님을 인정이 없는 분으로 느끼게 한다.

이 말씀을 이해하기 위해서는 먼저 유대 나라의 장례문화를 이해하는 것이 좋을 것이다. 유대인들은 사람이 죽으면 당일에 장사를 지낸다. 그리고 칠 일 동안 애도 기간을 가지고, 한 달 동안은 공적 모임에 참여하지 않으며, 일 년 후에 다시 무덤을 찾아 탈골된 뼈들을 관에 넣어 가족묘 안에 안치한다. 그러니까 이 사람의 아버지의 경우는 벌써 죽어서 무덤에 있는 상태에 있는 것을 말한다.

당시 유대인들은 가족묘를 사용하였는데, 탈골된 뼈들을 무덤 안의 작은 굴 안에 안장한다. 룻이 시어머니에게 "어머니께서 죽으시는 곳에서 나도 죽어 거기 묻힐 것이라"(룻 1:17)고 한 것은 같은 무덤 안에 묻히겠다는 뜻으로 말한 것이다.

이처럼 이해한다면 이 사람의 경우는 그의 아버지가 지금 죽어가고 있는 상황이 아니라, 그의 부친은 이미 죽어서 무덤에 장사지냈고 지금은 애도 기간으로 보내고 있는 사람으로 이해할 수 있다.

또 이런 유대 장례문화에 따라 이 본문을 해석한다면, 예수님께서 아버지를 장사해야 한다는 핑계로 주님을 따르는 일을 미루는 사람에게 "죽은 자들이 그들의 죽은 자들을 장사하게 하라"고 하신 것은 재미있는 유머로 말씀하신 것이다. 좁게는 아버지가 죽어 무덤에 있고, 이미 먼저 죽은 가족들이 있기 때문에 먼저 죽은 자들이 아버지를 장사하도록 하라는 말이고, 넓게는 죽은 자는 죽은 자의 땅에 살도록 두라는 말이다. 그리고 너는 그 죽은 자의 땅에서 떠나야 한다는 말씀이다.

마태복음 23장 24절에서는 외식하는 율법사들과 바리새파 사람들에게 "하루살이는 걸러내고 낙타는 삼키는도다"라고 책망하셨다. 이 말은 역설이다. 말도 안 되는 이야기를 던짐으로 그들이 자신의 잘못을 되돌아보게 하는 충격적인 방법이다. 이 말은 작은 것은 걸러내고 큰 것을 삼킨다는 뜻으로 보이지만 사실은 그들이 생명처럼 지키는 정결법(purity system)에 대한 공격이다.

그들은 정결법을 지키지 않는다는 이유로 예수님을 죽이려고 하는 사람들이지만, 사실은 그들이 더 큰 정결법을 어기고 있다는 것을 지적한 말이다. 그들이 하나님의 법을 지킨다고 작은 것에 대한 십일조는 드리면서 정말 지켜야 하는 정결법은 지키지 않고 있다는 사실을 강조하신 것이다.

낙타는 부정한 동물이다(신 14:7). 하루살이에 대해서는 부정하다는 말이 없다. 그렇기 때문에 그건 삼켜도 무방하다. 하지만 낙타는 절대로 먹어서는 안 된다고 토라에서 금하고 있다. 그런데도 그들은 하루살이는 걸러내면서 중요한 율법도 자기들에게 큰 이익이 되는 것들은 부정한 낙타처럼 삼킨다는 뜻이다(예: 마 23:16-18).

경구를 연장한 것이 비유이다. 어떤 비유는 너무 짧아서 격언의 형태인 것처럼 보이기도 하지만 경구와 비유는 약간 다른 성격을 가졌다. 경구는 이야기가 그 내용 속에 감추어져 있다. 그러나 비유는 짧은 문장이지만 이야기 형식을 갖추고 있다. 단지 이미지와 상징을 많이 사용하는 게 특징이다.

2) 예수님과 은유

가장 간단한 이야기는 은유(metaphor)이다. 예수님은 이런 은유를 즐겨 사용하셨다. 은유와 직유는 좀 다르다. 직유는 "우리는 하나님 품에 안긴 새 같은 존재다"라고 말한다. 은유는 "우리는 하나님 품에 안긴 새다"라고 한다. 이처럼 은유는 '~처럼, ~같이' 같은 연결어가 없이 직접 연결된다. 은유는 어떤 낯선 것을 낯익은 것과 비교함으로 그 의미를 쉽게 전달하려는 표현법이다.

"여호와는 나의 목자"에서 목자란 개념은 사람들에게 매우 익숙한 개념이다. 그러나 여호와 하나님은 어떤 분인가를 표현하라면 딱 잘라서 말하기가 어렵다. 이러할 때 사람들에게 익숙한 개념인 '목자' 라는 용어를 '여호와 하나님' 께 접목시킴으로써 우리에게 덜 익숙한 하나님을 쉽게 이해하도록 해준다. 예수님은 이런 은유법을 자주 사용하셨다. '나는 참 포도나무, 너희는 가지,' '너희는 빛과 소금,' '나는 양의 문' 등이다.

"여호와는 나의 목자시다." 이것은 이야기가 아니다. 그러나 분명히 이야기다. "목자"라는 말 속에는 침묵하고 있는 많은 이야기가 들어 있다. 이스라엘인들에게 목자란 말은 그들의 긴 역사를 담고 있는 용어이다. 하나님과 이스라엘의 관계에서 목자, 그리고 현실적으로 이스라엘 땅에서 살아온 목자로서의 그들의 경험이 들어 있다. 예수님께서 말씀하신 '나는 포도나무' 란 한마디는 어떤 것보다 긴 이스라엘인들의 복되고 슬프고 아픈 이야기들을 담고 있는 말이다.

은유가 비교적 짤막한 언명이라면 예수님이 사용하신 비유는 이야기를 담을 만한 분량이다. 비유는 예수께서 가장 많이 사용하신 문학 장르다. 비유는 간단하기는 해도 침묵하는 이야기가 가득 들어 있다. 그 안에는 이스라엘의 지리와 문화, 그리고 역사가 들어 있고 그들의 삶의 애환이 서려 있다. 그래서 비유는 짧지만 긴 이야기들이다.

예수님은 당시 이스라엘 사람들이 살아가는 상황을 짧은 비유와 같은 이야기를 사용함으로 감동적으로 진리를 전하셨다. 누룩 비유(마 13:33), 밭에 감춰진 보화(마 13:44) 등이 있는가 하면, 이보다는 좀 긴 비유들이 땅에 떨어진 씨의 비유(마 13:1-9), 밀과 가라지의 비유(마 13:24-30), 겨자씨 비유(마 13:31-32) 등등이다. 이런 비유들은 비록 짧지만 충분한 문학성을 지녔다.

이보다 좀 더 긴 비유들도 사용되었다. 즉 탕자의 비유, 선한 사마리아 비유이다. 이런 비유들은 이전에 존재하던 이야기인데, 예수님 같은 창조적인 스토리텔러(storyteller)에 의하여 발전되었다고 볼 수 있다. 원래는 이렇게 재미있고 긴 이야기는 아니었을 것이다. 마태는 "예수께서 이 모든 것을 무리에게 비유로 말씀하시고 비유가 아니면 아무것도 말씀하지 아니하셨으니"(마 13:34)라고 했다. 왜 예수님께서는 이런 비유로 말씀하셨는가?

격언과 비유의 특징은 다음과 요약할 수 있을 것이다. 이런 문장은 매우 짧고 간단해서 기억하기 쉽다. 또 이런 문장은 간단하지만 오랫동안 상상하고 생각하도록 한다. 또 그것을 소화하기 위하여 긴 시간을 요구한다. 이야기는 짧거나 긴 문장이거나 들을 때는 재미있고 쉽게 듣지만, 듣는 순간 가슴에 박혀서 잊히지 않는다. 두고두고 생각하게 된다.

그리고 이런 방법에는 그 내용이 지향하는 분명한 포커스가 있다. 예수님께서 이런 비유를 말씀하실 때도 청중들이 바라보기를 기대하셨던 그 포커스가 있을 것이다. 그곳에 맞추어서 비유는 해석되어야 한다. 이런 방법을 사용하신 예수님은 가장 훌륭한 교육방법을 아는 지혜의 선생이셨고, 진정한 스토리텔러이셨다. 이런 이야기식 방법을 사용하는 이유는 다음과 같다.

1) 이런 형태의 교훈은 청중들을 새로운 세계로 초청하는 방법이다. 예수님은 청중으로 하여금 이전에 보지 못했던 것들을 새롭게 보게 하는 방식을 자주 사용하셨다.

2) 격언식(aphorisms) 교훈은 사람들의 마음과 상상을 사로잡고, 말하는 사람이 보여주려고 하는 이미지를 투명하게 해준다. 그리하여 청자들을 내러티브 세계 안으로 끌어들이는 매력을 품고 있다.

3) 예수님의 격언식 가르침은 초점이 분명하여 명확하게 사물을 이해하도록 한다.

4) 사람들로 하여금 상상력을 자극하고 행동으로 옮기도록 환기시키는 방법이다. 사람들이 말하는 것보다 더 많은 것을 느끼게 해

준다. 그 사람이 가지고 있는 개념을 바꿔줌으로써 변화하도록 초청한다. 예수님은 이런 경구나 비유를 통하여 그들을 깨우치려 하셨고, 천국의 비밀을 가르쳐주셨다. 이렇게 보면 이야기식으로 가르치는 방법은 히브리적 방법이면서 동시에 예수님께서 가장 좋아하셨던 방법이다.

마. 내러티브와 스토리텔링

단순한 스토리를 전하든, 잘 구성된 내러티브를 전하든 전하는 과정에서는 모두가 스토리텔링(storytelling)의 형태를 지닌다. 성경은 본래 내러티브 글이라기보다는 스토리텔링으로 되어 있는 책이었다. 입에서 입으로 전해져 내려왔기 때문이다. 구약의 모세 오경이 그런 책이고, 신약의 복음서도 그런 형태로 구전되어 온 내용들을 어느 시점에 와서 글로 기록한 책이다. 심지어는 로마서도 딱딱한 교리책이 아니라 읽혀지기 위하여 기록된 책이란 점을 기억해야 한다.

어느 분이 초등학교에 다니는 자녀들에게 로마서를 읽어주었더니 재미있다고 손뼉을 쳤다는데 이는 로마서도 읽어야 하는 이야기임을 보여주는 것이다. 로마서도 돌려가면서 읽도록 된 책이란 사실을 사람들은 잊고 있었던 것이다.

스토리텔링은 공감을 전제로 한다. 스토리텔링이라고 하면 누군

가가 대중을 상대로 자신이 말하려는 내용을 일방적으로 주입시키는 것이라고 생각한다. 그래서 스토리텔러들은 이야기를 좀 더 재미있게 혹은 그럴듯하게 만들어 듣는 자들로 하여금 더 많은 관심을 끌도록 하려고 한다. 약장수처럼 말이다. 그러나 이런 것은 웅변에 속하는 것이지 스토리텔링은 아니다.

스토리텔링은 대화나 소통의 한 방편이다. 스토리텔링은 남을 설득하거나 가르치려는 데 목적이 있는 것이 아니라 반대로 자신이 전달하고자 하는 내용을 소박하게 이야기로 들려주어 더 많은 공감을 끌어내려고 하는 한 방법이다.

스토리(story)와 내러티브는 어떻게 구별해야 하는가? 이야기식 설교를 발전시킨 유진 로우리(Eugine Lowry) 교수는 이 두 가지 형태를 약(medicine)이란 단어로 설명한다. 영어에서 'medicine'은 기본적으로 알약(pill)이란 의미로 사용되지만, 전문적인 용어로는 의사의 처방에 의하여 제조된 약을 의미한다. 그렇듯이, 스토리(story)가 'pill'이란 의미라면 내러티브(narrative)는 처방에 의하여 조제된 약과 같은 것이라고 말한다.

얼마 전 신문에 난 글을 소개한다.

> 아내는 마중을 나오지 않았다- 해외 건설맨…… 家長……
>
> 그의 발자국이 찍힌 아파트 단지는 다 기억하기 힘들 정도다. 서울 강남의 유명 종합병원도 그의 손을 거쳤다. 대기업 건설사 현장감

독으로 집보다 공사장에서 더 많은 시간을 보냈다. 간간이 해외 공사 현장에도 나가 외화를 벌어 오는 '공'을 세우기도 했다. 이모씨(70)는 자부심도 크고 자존심도 강하다. 1998년 그는 해외 빌딩 건설 현장을 지휘하기 위해 2년 주재 계획으로 싱가포르행 비행기를 탔다. "계획대로 2년 만에 한국에 돌아왔다면 그런 일은 전혀 없었을 겁니다. 다 내 잘못이지, 누굴 원망하겠어요." 2년을 채워갈 무렵 찾아온 회사 간부는 일단 술부터 권했다. 목구멍을 싸하게 태우는 독주를 정신이 오락가락할 때까지 마셨을 때쯤 회사 간부가 '본론'을 꺼냈다. "2년만 더 있어 주시죠."

버석한 모래 씹히는 식사가 싫어 집에 갈 날을 손꼽고 있던 이 씨였다. 완공은 보고 싶었지만 아내와 딸, 아들은 더 보고 싶었다. 하지만 남아있으면 서울보다 돈을 더 벌 수 있었다. 머릿속은 술이 깬 뒤에도 어지러웠다. 그해 그는 서울 가는 비행기를 타지 않았다.

서울엔 2001년에 들어왔다. 공항으로 마중 나오겠다던 아내가 보이지 않았다. 고개를 푹 숙인 채 아버지를 맞은 딸의 얼굴이 모든 걸 설명했다. 10억 원이 넘는 돈이 있던 통장부터 집문서까지 남은 게 없단다. 식구 중 아무도 처남이 도박에 빠질 거라고는 생각하지 못했다. 그는 식구들의 '발등'을 찍었다. 도박장을 문턱이 닳도록 드나들었다. 결론은 뻔했다. 가진 재산을 탕진하고도 진 빚이 40억 원이 넘는다고 했다.

집에서 가장 믿었던 아들에게 통장을 맡긴 것이 화근이었다. 처남은 아들을 꾀어 모든 걸 가져갔다. 처음엔 의심했던 아들도 처남이 날짜를 정한 각서까지 쓰자 의심을 거뒀다. 돈을 모두 날린 처남은 유럽으로 도망갔다. 집안은 풍비박산이 났다. 집문서를 넘겨준 아들은 죄책감에 시달리다 신경쇠약에 걸려 병원에 입원했다. 친정 일 때문에 싸움이 잦아진 딸 내외는 이혼 직전까지 갔다. 남편 얼굴을 차마 볼 자신이 없었던 아내는 집을 나갔다. 이 씨는 생업을 내려놓고 아내를 찾아 나섰다. 한 달 만에 찾아낸 아내는 전남 진도에 있는 동서 댁에 얹혀 지내고 있었다. 그러나 아내를 데려올 수 없었다. 갈 곳도, 할 수 있는 것도 없었다. 혼자 서울로 돌아왔다. 가장에게 가족은 삶의 전부였다. 생(生)의 의미가 사라진 자리엔 우울증이 파고들었다. 모래 밥을 씹으며 해외 건설 현장을 뛰었던 이 씨는 어느새 집 없는 부랑자 신세가 돼 있었다.

3년째 삶에 끌려가던 어느 날 아내의 소식이 다시 들려왔다. 위태위태하던 이 씨의 마음이 무너졌다. 허겁지겁 진도로 내려갔을 땐 이미 화장이 끝나 있었다. 스스로 생을 마감한 아내의 소식을 이 씨는 그동안 한 번도 듣지 못했다. "그게 다 내 탓이지. 내가 누굴 원망하겠어. 다 내 탓인걸……." 담담히 인터뷰하던 이 씨의 눈이 빨개졌다. 목소리는 미세하게 떨렸다. 눈물을 집어삼키고 있었다.

위의 글은 매우 정교하게 구성된 스토리이다. 이 내용을 읽어주거나 들려주면 곧 스토리텔링이 된다. 이 글은 내면에 숨겨진 의미는 없다. 한 해외 건설사에서 일하던 분이 당한 가슴 아픈 이야기를 진

솔하게 문학적으로 기술했을 뿐이다. 이 글은 예수님께서 들려주셨던 선한 사마리아인 비유와는 전혀 다른 형태다. 사마리아인 비유는 단순히 한 사건을 진술한 것처럼 보이지만 사실 그 내면에는 또 다른 이야기가 흐르고 있기 때문이다. 이것이 스토리 또는 스토리텔링과 내러티브가 다른 점이다.

스토리텔링을 잘한다는 것은 결국 공감을 잘 이끌어내도록 이야기하는 것을 말한다. 공감을 더 잘 일으키기 위해서는 듣는 사람의 머릿속에 그림이 그려지도록 예술적인 방법으로 이야기를 만들어야 한다. 이러한 이야기는 그냥 만들어지지 않는다.

먼저 말하려고 하는 내용을 깊이 그리고 자세하게 연구해야 한다. 내용을 섬세하고 자세하게 설명할수록 듣는 사람들의 머리에 그림이 잘 그려지게 된다. 다음은 듣는 사람에 대한 관찰과 연구가 필요하다. 마지막엔 자기가 가지고 있는 내용을 어떻게 재미있게, 그리고 청자(聽者)들이 쉽게 이해하고 오래 기억할 수 있도록 전달할 것인가를 연구해야 한다. 이렇게 보면 스토리텔링은 이야기를 만드는 기술의 영역이 아니라 다른 사람과 공감하려는 노력과 태도의 영역인 셈이다.

성경의 내용은 내러티브란 문예적 방법으로 기록되었지만, 히브리인들은 이 내용을 스토리텔링의 방법으로 공동체에서 또는 가정에서 서로 나누며 살았다. 그러니까 그들의 스토리텔링에는 내러티브 문학이 그대로 스며들어 있다고 보아야 한다.

히브리적 스토리텔링은 이야기를 들려줄 때 묻지 않을 수 없는 문장이다. 물을 수밖에 없도록 기록된 문장이기 때문이다. 예컨대, 아브라함이 이삭을 바친 이야기를 들려준다고 하자. 듣고 있던 사람들은 의구심을 떨쳐버릴 수가 없을 것이다. 아니 사랑의 하나님께서 어떻게 살아 있는 아들을 아브라함에게 번제로 바치라고 할 수 있을까 말이다. 질문은 계속될 것이다. 번제는 무엇인가? 왜 두 종들은 거기 머물도록 했을까? 이처럼 말하고 듣는 사람들 사이에 서로 대화가 오고갈 수밖에 없는 문장이 내러티브이다. 즉 이런 문장을 쌍방통행하도록 되어 있는 문장 형태이다.

성경을 읽는다는 것도 이에 벗어나지 않을 것이다. 성경을 읽으면서 계속 질문을 던지며 읽는다면 독자는 성경과 대화를 하고 있는 것이고, 대화를 이어가는 동안은 성경이 옛날이야기가 아니라 오늘의 이야기로 변하게 될 것이다. 이처럼 성경을 읽거나 듣는 것은 옛날이야기를 읽는 게 아니라 옛 사건을 통하여 오늘 우리에게 말씀하시는 하나님의 음성을 듣는 것이고, 그 이야기 안에서 하나님을 만나는 사건이다. 그러므로 내러티브로 성경을 읽는다는 것은 곧 하나님과 우리와의 쌍방통행의 대화이다.

히브리적 내러티브 읽기__예문 ❷

에덴동산과 선악과(창 2:4-17)

에덴동산의 내용을 읽을 때는 제발 먼저 선악과나무 밑으로 가지 말아야 한다. 성경이 보여주려는 것부터 순서대로 보아야 한다. 하나님께서 아담을 만드시고 에덴에 두신다. 에덴동산이 얼마나 큰가도 생각해 보아야 한다. 우리 뜰 정도의 정원으로 오해하는 일은 없기를 바란다. 에덴에는 온갖 아름답고 먹기에 좋은 열매들을 풍성하게 자라게 하셨다. 20만 평, 아니 그보다 더 넓은 100만 평에 온갖 과일 나무며 꽃나무가 가득 찼다고 상상해 보라. 얼마나 아름답고 풍성한 곳인가? 무엇을 먹을까, 무엇을 마실까를 걱정할 필요가 없는 곳이다.

그 동산 한가운데는 생명나무와 선과 악을 알게 하는 나무를 자라게 하셨다. 생명나무와 선악과는 한 그루의 나무로 보인다. 과수원 중앙에 서 있는 한 그루 나무를 생각해 보자. 동산 중앙에 있으니 일부러 찾아가지 않으면 발견하기도 어려울 것이다. 창세기 2장 10-14절에는 에덴을 중심으로 하나의 강이 흐르다가 네 강으로 나뉘어 흐르는 모습이 그려져 있다. 그곳의 땅이 얼마나 비옥한가를 보여준다. 그리고 그곳에는 각종 향료와 보석들이 널려 있다. 개인들이 욕심을 내서 소유하려고만 하지 않는다면 이 세상은 에덴처럼 무엇이든 넉넉하고 평화로운 곳이 될 것이다.

그리고 하나님께서 사람을 에덴에 두시고 에덴을 돌보게 하셨다. 창세기 1장과 2장에서 에덴동산에서 사람의 책임은 경작하며 지키는 것임을 계속해서 강조한다. "생육하고 번성하여 땅에 충만하라, 땅을 정복하라, 바다의 물고기와 하늘의 새와 땅에 움직이는 모든 생물을 다스리라 하시니라"(창 1:28). "그것을 경작하며 지키게 하시고"(창 2:15). 경작하며 다스리고 지킨다는 말은 관리자의 개념이다. 이것은 인간이 에덴동산의 주인이 아니라는 것을 강조하고 동시에 관리자임을 강조하는 것이다.

그리고 관리자에게 주신 대가는 "동산 각종 나무의 열매는 네가 임의로 먹어라"는 축복이었다. 이 말 뒤에 창세기 2장 17절이 나온다. 17절 말씀은 16절에 연결시켜 읽어야 한다. 동산 각종 나무의 열매는 마음대로 먹지만, 단 하나만은 먹지 말라고 금하신 것이다. '모든 것'과 '하나'의 대조를 눈여겨보자. '한 가지'의 제한이 있는 곳이 에덴동산이다. 이렇게 보면, 에덴동산은 선악과에 갇혀 답답한 곳이 아니라, 하나만 지킨다면 99% 자유로운 곳이다. 그런데 왜 한 나무만을 먹지 말라고 제한하신 것인가?

선악과는 하나님께서 사람에게 1%의 제한을 두신다는 뜻이다. 왜 100%의 자유가 아니고, 99%의 자유인가? 왜 1%의 자유는 주시지 않으셨을까? 생각해 보자. 만약 에덴에서 100%의 자유를 주셨다면 인간은 에덴의 완전한 소유주가 된다. 완전 자유인이다. 그렇다면 하나님의 자리는 어디인가? 1%의 제한인 선악과는 하나님의 자리이다. 선악과는 에덴동산의 주인이 하나님이란 사실을 명시해 놓은 표시이다. 즉 선악과는 하나님께서 에덴동산의 소유주이심을 명시해 놓은 표이다. '하나'

의 제한이 없다면 에덴동산에서 인간은 하나님과 아무런 관계가 없다. 그 하나가 있음으로 에덴동산에서 하나님과 인간은 연결되고, 이것이 유지될 때만이 에덴동산 안에 담겨진 모든 복을 인간이 누릴 수 있게 된다. 인간은 하나님만큼 제한을 받아야 하는 존재이다. 이렇게 보면 선악과는 인간이란 어떤 존재인가를 규정하는 것이다. 1%를 수용하고 살아야 피조물인 인간으로 하나님의 은혜 안에 살 수 있는 것이다.

여기에 갈등이 있다. 하나님은 선악과를 놓고 인간들과 좋은 관계 속에서 평화를 이루고 싶어하신다. 반면 인간들은 하나님의 영역을 파괴함으로써 에덴동산에서 완전한 자유를 누리고자 한다. 이 갈등은 에덴동산으로부터 요한계시록까지 이어진다. 예수께서는 에덴동산의 의미를 산상설교에서 분명하게 밝혀주셨다.

"그런즉 너희는 먼저 그의 나라와 그의 의를 구하라 그리하면 이 모든 것을 너희에게 더하시리라"(마 6:33; 비교. 창 2:16-17).

1%를 빼앗는 것은 하나님께 대한 반역이고, 쿠데타이다. 비슷한 내용이 창세기 39장 9절에 나온다. 보디발의 아내의 유혹을 받은 요셉이 한 말이다.

"이 집에는 나보다 큰 이가 없으며 주인이 아무것도 내게 금하지 아니하였어도 금한 것은 당신뿐이니 당신은 그의 아내임이라 그런즉 내가 어찌 이 큰 악을 행하여 하나님께 죄를 지으리이까."

이 내용을 선악과의 유비로 볼 수 있다. 보디발은 요셉에게 99%의 자유를 주었다. 단 1%의 제한만 있을 뿐이다. 요셉은 그것을 분명하게 알았다. "금한 것은 당신뿐이니." 만약 요셉이 이 1%의 자유를 누리려고 했다면 요셉은 보디발에게 반역하는 것이고, 이것은 요셉의 생명을 걸 만큼 위험한 일이었다. 요셉은 1%를 지켰다. 그러나 아담과 하와는 1%를 제거해 버렸다.

이제 선악과가 무엇인가를 말할 차례이다. 선악과란 무엇인가? 에덴동산의 전체 이야기를 놓고 선악과를 생각해 보면, 선악과는 에덴동산의 평화를 위하여 하나님께서 사람에게 제시한 하나의 계약의 증표이다. 하나님은 선악과를 놓고 하나님과 사람들이 좋은 관계를 유지하기를 원하셨고, 그 결과 하나님은 인간들에게 하나님이 되시며, 사람들은 에덴동산에서 모든 것을 영원히 누릴 수 있게 되는 것이다. 생명나무까지도 말이다.

그런데 인간들은 그 선악과를 소유하고 싶었다. 결국 인간은 하나님과의 약속을 파기하고 말았다. 결국 에덴의 선악과는 없어졌다. 그러나 에덴 이후로 이 약속은 하나님과 인간 사이에 영원히 존재하는 엄연한 규정이다. 관계냐 소유냐? 만약 에덴의 선악과를 먹어서 이제는 존재하지 않는 규정이라면 성경에서 이처럼 이 문제를 심각하게 다룰 필요가 없을 것이다. 우리와는 아무 상관이 없는 일이고, 이 문제는 단지 죄가 어떻게 인간 세상에 들어왔는가를 설명해 주는 옛날이야기에 불과하기 때문이다.

그러나 에덴으로부터 세상 끝날 때까지 선악과의 규정은 살아 있다. 또 이것은 인간이 반드시 지켜야 할 규범이다. 이것은 창세기로부터 요한계시록까지 일관되게 성경이 주장하는 신앙과 삶의 원리이다. 그래서 예수님께서도 산상설교에서 "그런즉 너희는 먼저 그의 나라와 그의 의를 구하라 그리하면 이 모든 것을 너희에게 더하시리라"(마 6:33)라고 하셨다. 하나님과의 관계를 바로 하라고 하셨다. 그리하면 이 모든 것은 하나님께서 너희에게 더해 주실 것이라는 말씀이다.

그의 의를 구하는 것은 하나님과의 관계를 소중하게 여기신 것이고, 그리하면 이 모든 소유는 하나님으로부터 주어지는 것이라는 의미이다. 에덴동산에서 주신 원리를 회상하게 하는 말씀이다. 예수 그리스도는 아담과 하와가 파기한 그 법을 회복하러 오신 분이다. 그리하여 십자가로 에덴의 축복을 인간들에게 주시려고 오신 분이시다.

예수님의 비유 읽기__예문 ❸

천국에서 보이지 않는 부자(富者, 눅 16:19-26)

부자와 나사로의 이야기, 부자는 자색 옷과 고운 베옷을 입고 날마다 호화로운 잔치를 열며 살았다. 반면 그런 부잣집의 호화로운 잔치 아래서 굶주린 배를 움켜쥐고 살아가는 사람이 있었다. 바로 나사로이다. 왜 부자는 그처럼 비참한 거지를 대문 밖에 두고도 냉혈동물처럼 차갑게 굴었을까? 더욱이 그가 아브라함을 아버지라고 부른 사람이라면 하나님을 믿고 산 사람일 텐데 말이다. 그 이유에 대해서 성경은 아무 말이 없다. 그러나 이 속에는 우리가 모르는 무엇이 있다. 당시 유대인들이 예수님의 이 비유를 들었을 때는 직접적으로 그들의 가슴에 부딪쳐 오는 게 있었을 것이다. 그것이 이 비유 속에 들어 있는 문화이다. 우리가 모르는 것은 무엇일까?

부자는 자색 옷과 고운 베옷을 입고 살았다. 자색(purple) 옷은 왕이나 황제의 색깔이다. 그렇다면 이 부자는 자기가 마치 왕인 것처럼 살았다는 말이 된다. 고운 베옷도 귀한 사람들이 입는 옷이다. 요셉이 총리가 되었을 때 바로가 요셉에게 입혀주었던 옷이다(창 41:42). 부자는 하나님이 내리신 축복을 늘 자랑하며 살았던 사람일 것이고, 마치 왕처럼 날마다 친구와 고관들을 불러 파티를 하며 산 사람이다.

그런데 재수 없게도 그의 대문에는 나사로가 살고 있었다. 나사로는 불구자였을 것이다. 불구자였기 때문에 마음대로 돌아다니며 먹을 것을 얻을 수 없었을 것이다. 그래서 부자의 대문에 누워서 살았던 것이다. 그나마 잔치 후에 나오는 부스러기가 있었기 때문이다. 부자의 대문 앞에는 잔치 후에 어김없이 부스러기가 던져졌고, 나사로는 그것을 먹고 살았다. 부자의 집에서 던져진 빵은 흙 묻은 빵이다. 여기서 '먹었다'는 동사는 인간이 아니라 동물을 먹일 때 사용하는 단어이다(계 19:21).

그러나 여기서는 그의 굶주림이 얼마나 오래 계속되었는가를 보여주는 데 사용되었다. 그의 친구는 동네 개들이었다. 부스러기가 나올 때면 개들과 함께 먹고, 개들이 혀로 상처를 핥았다. 이처럼 부자와 나사로는 하늘과 땅만큼이나 다른 위치에서 살았지만, 결국 두 사람은 마침내 다 죽고 만다. 어떤 사람은 개들이 그 상처를 핥아서, 그 상처가 깊어갔기 때문에 이 거지가 죽었다고 해석한다.

먹지 못하고 병들어 있던 나사로가 먼저 죽은 것은 당연지사다. 나는 시골 교회에 부임한 지 얼마 안 된 어느 저녁 무렵에 거죽에 둘둘 말아 들것에 실려 무덤으로 나가는 시신을 보고 큰 충격을 받았다. 40년이 지난 지금에도 그 충격이 가시지를 않는다. 그때 나는 그런 장례 모습을 보면서 나사로를 생각했었다. 부자는 아마도 우리나라 국민장만큼이나 화려하게 장사를 지냈을 것이고, 사람들은 부자의 인품과 덕을 오래오래 찬양하며 이야기를 나누었을 것이다.

장면은 사후(死後)의 세계로 바뀐다. 그곳에 있을 것이란 상상도 할 수 없었던 나사로가 아브라함의 품에 안겨 있다. 그곳에 당연히 있으리라 기대했던 부자가 그곳에서 보이지 않았다. 그곳엔 부자가 없다. 부자는 그 근처에도 보이지 않는다. 부자는 꿈에도 생각지 못한 음부에서 나사로를 찾고 있다. 그러나 나사로는 아브라함의 품에 안겨 있는 것이 아닌가? 아브라함의 품에 안겨 있다는 말은 예수님께서 제자들과 함께 식사를 하실 때 비스듬히(recline at table) 앉아서 먹던 모습을 연상케 한다. 아브라함과 가장 친숙한 사이로 최고의 위로와 영광을 누리고 있는 모습이다. 즉 나사로가 종말론적 잔치(banquet)에 귀빈(the honored guest)으로 앉아 있다는 의미이다. 부자는 세상에서 살던 바와는 다르게 아무것도 먹지 못한다. 물 한 방울도 얻을 수 없는 불꽃 가운데서 고통을 당하고 있다. 정확한 '교체'(exchange)다.

그런데 놀라운 일이 벌어진다. 부자가 아브라함에게 부탁한다. 물 한 방울을 나사로의 손가락에 찍어 자기 목을 축여 달라는 것이다. 이런 부탁도 나사로가 아브라함과 함께 식탁에 앉아 있다는 것을 상상하게 해 주는 말이다. 그러나 냉정하게 거절당한다.

왜 부자는 음부에 떨어졌고, 나사로는 천국에 들어갔을까?

예수님의 비유에는 왜 부자가 음부에 떨어졌는지, 그 이유에 대해서는 언급이 없다. 그렇다고 이유 없이 음부에 떨어지지는 않았을 것이다. 예수님은 그처럼 무책임한 말은 하지 않으신다. 이유가 있을 것이다. 부자가 혼자만 잘 먹고 잘살았기 때문이라고 한다. 나사로와 같은 다른 이들의 도움을 절대 필요로 하는 이웃을 돌보지 아니한 것이라고 한다.

마태복음 25장의 양과 염소의 비유에 의하면 그렇다. 그렇다면 교회를 다니면서 자기만 잘 먹고 잘사는 사람들은 다 음부에 떨어질 운명인가? 양과 염소의 비유도 무엇을 하지 않았기 때문에 거절당한 것은 아니다. 염소 쪽에 서 있던 사람들도 자기들은 했다고 하지 않았는가? 그런데 주님이 그들을 모른다고 한 이유는 또 다른 곳에 있다고 보아야 한다. 예수님은 행위로 구원받는다고 하신 적이 없으시다.

또 한 가지 이유는 하나님을 모르고 살았기 때문이라고 할 수 있다. 그러나 비유에서 보면 그는 아브라함을 아버지라고 불렀다. 아브라함을 아버지라고 부르는 것은 선택받은 유대인들의 특권이었다. 이 말은 곧 구원(선택)받은 사람이란 말이다. 예수께서도 삭개오에게 구원을 선포하시면서 "이 사람도 아브라함의 자손임이로다"(눅 19:9; 참고 요 8:33, 37, 39)라고 하셨다. 부자와 나사로의 비유를 돈을 좋아하는 바리새인들에게 주신 것이라면, 이 부자도 바리새인임에 틀림이 없고 정통 유대인으로 안식일을 잘 지키고 십일조나 구제를 잘했던 사람이었음에 틀림이 없다. 나사로만 돌보지 않았을 뿐이다.

그렇다면 왜 나사로를 돌보지 않았을까?

음부에 떨어진 부자는 '나사로'의 이름을 부른다. 비유 내용으로는 그가 나사로를 한 번도 대면하거나 그의 이름을 부른 적이 없었기 때문에 그는 거지의 이름을 모르고 살아온 줄 알았다. 그런데 부자는 나사로의 이름을 부른다. 더욱이 나사로의 손끝에 물 한 방울을 찍어서 자기 목을 축여 달라고 애원한다. 이것은 거지가 자기 집 대문에서 음식 찌꺼기를 먹고 있었던 것도 알았다는 것을 암시한다. 그래서 자기도 나사로의 식탁에서 물 한 방울이나마 얻어먹고자 요청한 것이다. 나사로가 부스러기라도 먹고 살았으니 자기에게도 부스러기 같은 것은 줄 수 있지 않느냐는 것이다. 그러나 그것마저도 거절당한다.

예수 당시 유대인들이 가장 소중하게 생각했던 규정 중에 하나가 정결법(purity system)이다. 처음에는 신명기에서 말하는 부정한 것으로부터 자기들을 지키기 위해 시작된 법이 후에 세부 지침을 만들다 보니 음식을 구분하는 것으로부터 시작하여 사람을 구분하게 되고, 일상의 모든 삶을 구분하게 되었다. 다시 말하면, 정결법은 사회적 계급을 형성한 것이다. 이것 때문에 사람들은 조상들의 유전을 짊어지고 고통을 당하게 되었다. 종교가 도리어 백성들에게 무거운 짐이 되었을 뿐 아니라, 하나님의 길과는 정반대의 길로 가게 되었다.

정결법에 의하면, 부자는 정결한 사람이고 거지는 부정한 사람에 속한다. 그렇다고 부자들이 자동적으로 정결한 자의 그룹에 속하지는 않는다. 그러나 가난한 사람들은 대부분 부정한 자들(impurity)에 속한다. 가난한 자들이 정결법을 실제적으로 지키지 않는다는 이유 때문이다. 오늘 본문에 나오는 부자도 아브라함을 아버지라고 부른 것을 보면 정결한 그룹에 속한 사람이라고 할 수 있다.

나사로를 돌보지 않은 것은 정결법 때문이었다고 말할 수 있다. 부정한 사람은 접촉해서는 안 되기 때문에 나사로를 만나지도 않았고, 돌보지도 않았을 것이다. 그렇다면 어려운 사람을 돌보지 않아서 음부에 떨어졌다는 의견은 찬성할 수가 없다.

예수님이 말씀하신 내용에서 한 가지 실마리를 찾는다면 예수님께서 부자의 이름을 부르지 않고 오직 부자라고만 지칭했다는 사실이다. 부자에게 이름이 없을 리가 없다. 그런데 그의 이름을 부르지 않으셨다. 아브라함을 아버지라고 부르는 사람이었는데도 말이다. 인격적인 하나님은 언제나 사람의 이름을 부르시는 하나님이시다. 그런데 예수님은 부자의 이름을 의도적으로 부르지 않으셨다. 이름이 있을 것 같지 않던 거지의 이름은 부르시면서 말이다. 나사로란 이름은 엘리사란 이름에서 나온 것을 해석한 것으로 '하나님이 도우신다'는 뜻이다.

이 부자가 아브라함을 아버지라고 부른 것을 보면, 그는 정통 유대인으로 자기는 하나님의 선택받은 선민이요, 아브라함의 자손이라고 자부하며 살았던 사람이었다. 그런데 왜 주님은 부자의 이름을 부르지 않으셨을까? 왜 자기는 세상에서 가장 가치 있고 품위 있는 사람이라고 자칭하던 부자의 이름을 외면하신 것일까?

출애굽기를 보면, 그처럼 훌륭했던 이집트 왕들이 많았는데도 그들의 이름을 전혀 부르지 않고, 모두 바로라고만 부른다. 그런데 사실 바로에 비하면 보잘것없는 산파들의 이름은 '십브라와 부아'라 불렀다(출 1:15). 성경에서 이름을 부르는 것과 부르지 않는 것은 하늘과 땅 차이다.

부자의 이름을 부르지 않은 이유는, 하나님은 그 부자를 사람으로 치지 않으셨다는 말이 아닐까? 시편 1편 6절의 "의인들의 길은 여호와께서 인정하시나"라는 말에서 '인정하다'의 단어는 '야다'(안다)라는 말이다. 하나님은 나사로를 아셨다. 그러나 부자는 모르셨다. 부자는 자칭 선택받은 사람이요 하나님의 사람이라고 자랑하고 살았는데, 하나님은 그 사람을 모른다고 하신 것이다.

02

성경, 열려 있는 책

The Bibel, Not Closed Book

가. 왜 이야기인가?

김운용 교수는 이야기로 된 문장의 한 예를 소개한다.

일본에 가서 근무할 때 몸에 꼭 끼는 빨간색 옷은 입지 마십시오. 길게 파인 가슴이 훤히 들여다보이는 블라우스도 입지 마십시오. 무늬가 있거나 밝은색의 속옷을 입지 마십시오. 향수를 뿌리거나 화장을 진하게 하지 마십시오. 달랑거리는 귀걸이나 굽이 5cm 이상 되는 하이힐은 신지 마십시오.

이 글이 일본에 가서 근무하게 될 미국 여직원에게 일본에 있는 협력회사가 보낸 메모라고 생각해 보자. 이 메모를 받은 직원은 불쾌하게 생각하고 사생활 침해라고 발끈했을 것이다. 그렇다면 이 글을 다음과 같이 바꾸어 전달했다면 어떨까?
일전에 한 미국 여성이 저희 회사를 방문한 적이 있었지요. 그녀는 지나가는 남자들이 자신을 이상한 눈빛으로 쳐다보거나 툭툭 건드리자 몹시 당황했습니다. 내가 혹시 이상한 행동을 한 것은 아닐까? 내가 뭘 잘못했을까? 그녀는 하루 종일 마음이 편치 않았습니다. 그녀는 미국에서는 지극히 정상적인 옷차림에 속하는 빨간 드레스를 입고, 기다란 귀걸이를 하였으며, 하이힐에 꼭 끼는 옷을 입고 있었습니다. 사실 일본에서는 그런 차림새가 '헤픈 여자'라는, 전혀 다른 의미를 담고 있었다는 사실을 몰랐던 것이지요.

위에서 보여준 예는 논리적인 설명이 얼마나 불편한 진실인가를 보여주는 내용이다. 그리고 이야기가 가지는 힘이 얼마나 큰가를 잘 보여주는 좋은 예이다. 두 번째 문장은 다른 사람을 설득시키려 하지 않으면서도 그 말을 따르게 하는 단순한 이야기에 불과하다. 그 안에 또 다른 의미가 담겨진 것은 아니지만 다른 사람을 설득시키는 데 강한 힘을 가진 문장이다.

이야기는 재미있다. 이야기는 상대방에게 강요하지 않고 편하게 듣게 만든다. 말하는 사람과 듣는 사람 모두를 즐겁게 해줄 뿐 아니라, 이야기는 가슴으로 듣게 되므로 논쟁을 일으키지 않는다. 도리어 이야기를 들려주는 사람과 듣는 사람 사이를 하나로 묶어주는 힘이 있다. 이야기는 자기 의지와는 상관없이 듣게 되고, 기억하게 된다. 이야기로 들은 말은 오래 기억한다는 게 특징이다. 그래서 이야기를 통하여 그의 인격이 형성되어가고 그의 삶의 태도가 변해가기도 한다.

댄 맥아담스(Dan McAdams)는 이렇게 말한다.

> 이야기는 우리를 즐겁게 한다. 웃게도 하고 울게도 한다. 또 도대체 어떻게 끝나게 되는지 가슴 졸이며 이야기에 빠지게 하기도 한다. 이야기는 무엇을 가르쳐주기도 하고, 이야기를 통하여 어떤 일을 어떻게 해야 할지를 배우기도 하고, 다른 사람들의 삶과 생각을 배우기도 한다. 우리의 생각을 정리해 주기도 하고, 어떤 경우는 우리가 깨어지고 망가진 것을 고쳐주고, 아픈 것을 치료해 준다. 나아가서는 우리의 생각과 마음을 성숙하게 하며, 우리의 꿈과 계획을 성취시키고 실현하도록 이끌기도 한다.

테렌스 틸레이(Terrence W. Tilley) 교수는 그의 《스토리 신학》(Story Theology)에서 성경이 교리책으로 쓰여지지 않고 이야기로 쓰여진 점에 대하여 감사한다고 말했다. 왜냐하면 만약 성경이 교리로 쓰여졌다면 사람들에게 사랑받지도 못했을 것이고, 그것이 옳으냐 그르냐를 놓고 시비만 벌어졌을 것이기 때문이라고 했다. 그러면서 "성경의 이야기들은 기독교 신앙의 중심적이고 다른 종교와 구별짓는 구조와 내용을 형성한다"고 말하면서 "성경의 이야기는 단순한 장식품이나 예화가 아니고, 신앙의 본질을 형성한다"고 한다.

이야기는 옳은가 그른가를 놓고 시비를 하거나 논쟁을 하지 않는다. 그냥 받아들인다. 그리고 생각하기도 하면서 자기도 모르게 그 이야기의 영향으로 인격이 형성되기도 한다. 동시에 이야기는 다른 사람들에게 전달하기도 쉽다. 그래서 이야기는 빠르게 유포되기도 한다.

성경도 이야기다. 그러나 일반 스토리와는 다른 문학이기 때문에 성경을 올바르게 읽는 기술이 필요하다. 올바른 읽기를 할 수 있는 방법만 터득한다면 성경의 의미는 자연스럽게 풀리게 될 것이고, 별다른 해석을 시도할 필요가 없게 될 것이다. 이야기를 읽는 방법을 이해할 필요가 있을 뿐이다.

1) 신앙 공동체 형성

교육은 의식적인 말뿐만 아니라 무의식적인 말과 행동에 의해서도 이루어진다. 의식적인 말이 반복되면 짜증을 부르지만 무의식 상태에서 들은 말들은 자신도 모르게 그 인격을 형성한다. 부모가 의식적으로 칭찬해 준 말보다 아이들이 잠을 잘 때 한 말이 그 생애를 지배하는 일이 많다는 것도 바로 그런 이유에서일 것이다. 그렇기 때문에 그 가정이 그 사람을 만드는 것이고, 그 학교가 그 학생을 만드는 것이다. 또 그 나라가 그 민족성을 형성해 내는 것이다.

생각해 보라. 같은 이야기를 계속 들으며 살아가는 공동체가 어떻게 되겠는가를! 이야기는 그것을 계속 듣는 사람들로 이야기 공동체를 형성하게 만든다. 동시에 그 공동체가 어떤 하나의 목표를 향하여 나아가게 만들어 준다. 이처럼 이야기는 공동체를 형성하고 사람들을 움직이는 힘을 가지고 있다.

찰린 진(Charlene J. Lee) 교수는, 내러티브는 "세계를 만드는 하나의 도구"라고 한다. 이어서 "이것은 개인의 아이덴티티는 물론 사회적 문화를 건축하는 하나의 도구이다. 내러티브는 단순히 한 개인이 아니라 전체 공동체에 관한 것이다. 이것은 단순히 과거만을 위한 것도 아니고, 바로 미래를 위한 것이다"라고 말한다. 제롬 브루너(Jerome Seymour Bruner)는 "내러티브는 자신을 만드는 그리고 동시에 세계를 만드는 도구(tool)"라고 말한다.

복음은 원래 '이야기로 말하는 전통'(storytelling tradition)이었다. 하나님의 이야기를 들으면서 히브리인들은 그들의 신앙이 형성되었고, 초대교회는 예수님의 이야기를 반복적으로 들음으로써 복음적인 신앙이 형성되어 온 것이다. 그러나 시대가 흐르면서 살아 있고 생동감 넘치는 하나님의 이야기를 문자로 기록해야 할 필요를 만나게 되었다.

그런데 문제는 살아 움직이던 생동감 넘치던 이야기가 글로 기록되면서 그 내용이 문서(file)란 감옥에 갇히게 된 것이다. 글이란 아무리 뛰어난 필치로 그린다 해도 그 내용이나 감정을 다 표현할 수 없다. 글을 써본 사람들은 그 한계를 절실하게 느낀다. 성경의 저자들도 성경을 기록하면서 자기들의 필치로는 다 표현할 수 없는 답답함을 느꼈을 것이다. 그래서 글로 기록은 하지만 독자들이 글에 갇혀 있는 사건의 의미들을 다시 생동감 있게 들려지도록 읽을 수 있는 한 장르를 선택하였다.

이것이 히브리 민족이 즐기는 예술의 장르, 즉 내러티브다. 그래서 짧게 기록하는 문장 속에 함축하거나 암시하기도 하고, 또 이미지로 간단하게 보여주기도 하고, 어떤 부분은 생략하고 독자로 하여금 상상하도록 한다. 또 어떤 부분은 좀 더 자세히 길게 기록하기도 했다. 성경의 기록자들은 성경을 기록할 때 이처럼 이야기란 방법을 사용하였다. 이 방법은 특별히 대화를 나누면서 읽도록 되어 있는 문장이다. 히브리 민족은 대화를 통하여 교육하는 민족이다.

이스라엘을 여행하는 비행기 안에서 정통 유대인을 만나서 이야기를 나눌 수 있었다. 회당에서 하는 일은 하나님을 예배하는 것과 다음은 성경교육, 그리고 구제라고 했다. 나는 유대인의 교육에 대하여 물었다. "가정에서 특별히 자녀들에게 성경을 가르치기 위해 따로 정해 놓은 시간이 있는가?" 그분의 대답은 "No"였다.

그렇다면 언제 자녀들에게 성경을 가르치느냐고 물으니 그분의 대답은 "언제든지 가능한 대로"라고 했다. 어떻게 교육하기에 그런 방법이 가능하느냐고 물으니 그분의 대답은 매우 간단하였다. "우리는 성경 이야기를 서로 나눈다"는 것이었다. 주로 부모는 질문을 던지고 아이들로 하여금 대답하게 한다는 것이었다.

이런 교육방법이 히브리적 내러티브란 문예적 방법을 만들었는지, 아니면 내러티브가 그들의 교육방법을 형성했는지는 모른다. 여하튼 성경은 한 이야기를 놓고 공동체가 함께 나누고, 질문하고 대답하면서 같이 성장해 가도록 하는 형태를 취하고 있다. 물론 정답을 요구하기보다는 각자가 읽고 느낀 대로 자기의 의견을 나눔으로써 한 사람이 성경을 볼 수 있는 한계를 넘어 폭넓게 성경을 이해하여 성경을 현재 살아 있는 생생한 사건으로 만들어가는 것이다.

2) 행동을 유발

시편은 "주의 말씀은 내 발에 등(light)이요 내 길(path)에 빛이니이다"(시 119:105)라고 했다. 이처럼 성경은 우리를 하나님 안에 살도록 인도하는 길(the way)이다. 성경은 하나님의 이야기이고 하나님과 산 사람들의 이야기거나 아니면 하나님을 거역하고 산 사람들의 이야기다. 성경은 하나님과 함께 산 사람들의 삶을 이야기(내러티브)로 전함으로 독자들을 하나님 안으로 초청한다. 내러티브 문장은 듣는 사람으로 하여금 행동하도록 만드는 가장 강력한 문장이다.

사람이 행동으로 옮겨내기까지의 과정이 필요한데, 그것은 먼저 알고, 느끼고 난 후에 행동하게 된다고 한다. 그런데 내가 경험하기는 사람들은 알고(knowing), 느끼고(feeling), 행동하기보다는 먼저 느끼고, 다음에 알고, 행동으로 옮기는 경향이 있었다. 바로 느끼고 알게 한 후에 행동으로 옮기도록 하는 문장이 내러티브 문장이다. 어떤 내용을 행동으로 옮기기 위해서는 오래 기억하게 할 필요가 있다. 쉽게 잃어버린 지식은 결코 행동으로 옮겨지지 않는다. 그런데 이야기만큼 쉽게 기억하고 오래 간직하게 하는 또 다른 방법은 없다.

선한 사마리아인의 비유를 보면, 예수님께서는 담담하게 강도 만난 사람의 이야기를 들려주셨다. 강도를 만나 위기의 순간을 맞은 사람을 제사장과 레위 사람이 외면하고 되돌아갔는가 하면, 유대인들에게 사람 취급을 받지 못하는 사마리아인이 생명의 위험을 무릅쓰고 온 정성을 다해 도와준다는 이야기는 감동적이다. 그런 다음에 "누가 강도 만난 자의 이웃이냐?" 고 물은 다음, "너도 가서 이와 같이 하라" 고 말씀하셨다.

우선 이 이야기는 재미있고 감동적이다. 동시에 사람의 마음을 움직이는 힘이 있다. 그러나 예수님께서는 이런 이야기를 통하여 더 깊은 내용을 구체적으로 강조하셨다. 사랑을 강조하던 제사장들은 도망가고, 사람 취급을 받지 못하고 살았던 사마리아인은 도리어 유대인을 도와주었다고 하셨다. 도와주는 방법도 자세히 제시하셨다. "가까이 가서 기름과 포도주를 그 상처에 붓고 싸매고 자기 짐승에 태워 주막으로 데리고 가서 돌보아주니라."

아마도 강도 만난 사람은 유대인이었을 것으로 보인다. 그리고 사마리아인은 멀리 이동하면서 장사를 하는 사람으로 보인다. 그처럼 바쁜 사람이 하루 동안 환자를 친히 돌보아주었다(눅 10:34). 그리고 떠나면서 주인에게 자기가 돌아올 때에 만약 여관비가 더 들었으면 갚겠다고 약속한다. 당시 한 데나리온은 며칠간의 하숙비에 해당한다고 하니 이 사마리아인의 정성은 지극하다 하겠다.

동시에 주님은 왜 사마리아인이 강도 만난 사람을 도와주었는지 그 이유도 말씀하셨다. "불쌍히 여겨." 이 단어는 '스프랑크니조마이' (σπλαγχνιζομαι)로 복음서에서 주로 예수님의 마음을 나타낼 때만 사용하는 단어다. 이 마음은 곧 한 사람의 영혼을 천하보다 귀하게 여기시는 하나님의 마음이다. 이웃을 사랑하는 자들은 하나님의 마음을 가져야 한다는 것이다.

이 비유에서 가장 중요한 것은 이웃이 누구인가 하는 이웃에 대한 규정이다. 예수님은 이웃이 누구인가를 직접 가르쳐주지 않으시고 대신 율법 교사들이 생각하도록 물으셨다. "네 생각에는 이 세 사람 중에 누가 강도 만난 자의 이웃이 되겠느냐"(눅 10:36). 이 말씀에 의하면, 이웃을 판단하는 기준은 사랑을 베푸는 사람이 아니고, 사랑을 받는 사람이 평가해야 한다는 말이다. "강도 만난 자가 평가할 때 누가 이웃이겠느냐?" 고 물으신 것이다.

예수께서 지상에 계실 때 바리새인들과의 논쟁에서 그들의 논쟁은 명제적인 것인데 반해 예수님의 대답은 항상 "하라"(doing)는 대답으로 일관하셨던 것을 보아도 성경의 주된 목적은 하나님 안에 사는 것이란 사실을 알 수 있다(참고. 막 12:28-31).

구약성경에서 가장 많이 언급된 말은 '들으라' 는 단어이다. 구약성경에서 이 단어는 1,160회나 언급되었다. 동사 '샤마'(שמע)는 '귀를 기울이다, 경청하다, 순종하다' 의 다양한 뜻으로 사용되지만, 특별히 자기보다 높은 권위자에게 귀를 기울여 경청한다는 의미에 있어서 '복종하다' 의 뜻을 나타낸다.

믿음이란 단어도 우리는 고정된 개념의 명사로 이해한다. 그러나 히브리어 동사인 '아멘'(אמן, 믿는다)은 수동형과 사역형으로만 사용되는데, 사역형은 어떤 것을 믿을 만하다고 여기는 것을 전적으로 신뢰하고 믿음으로 행동하게 하는 것을 의미한다. 창세기 15장 6절에서 "아브람이 여호와를 믿으니 여호와께서 이를 그의 의로 여기시고"는 단순히 믿었다는 의미가 아니라 믿음의 관계 안으로 들어가 확신하고 흔들리지 않고 살아가는 것을 뜻한다.

나. 과거 성경 읽기의 문제점

우리나라만큼 이단이 많은 데는 세계 어느 곳도 없을 것이다. 그 이유가 무엇일까? 한국적 샤머니즘의 결과라고 말할 수 있다. 어떤 방법을 써서라도 복을 받으면 된다는 생각과 어디든 자기들을 인정해 주는 곳이면 된다는 생각이 이단을 만들어낸다고 생각된다. 그러나 최근의 이단은 자기들만이 성경을 잘 가르치고 배우는 곳이라고 교인들을 유혹한다. 이렇게 보면 현대 이단은 한국 교회가 성경을 소홀히 하고 성장 중심 프로그램 위주로 흘러가는 결과로 일어났다고 말하는 게 옳을 것이다. 그래서 그들은 성경을 가장 강조하는 것처럼 가장한다. 이단에 넘어가는 사람들도 대부분 성경을 깊이 배우고 싶은데, 교회는 성경을 가르치지 않거나 가르친다고 해도 주제 중심 성경 공부에 치중하고 있는 것에 실망한 사람들이다.

그러나 더 근본적인 이유는 한국 교회의 잘못된 성경 해석 방법이 이단을 증폭시켰다고 생각한다. 이단들이 성경을 강조하지만 성경 해석에 심각한 문제가 있다는 것은 우리가 다 아는 사실이다. 또한 교인들이 이단을 대처해서 막아낼 힘이 없다는 것도 교회 안에서 가르친 성경 해석 방법에 심각한 문제가 있다는 것을 보여준다.

1) 추출식 성경 읽기

첫째로, 한국 교회가 성경 해석에서 가장 많이 사용하는 방법은 추출식(抽出式) 방법이다. 한 절이나 한 구절을 읽고 그 안에서 자기가 원하는 단어 하나 또는 아이디어 하나를 얻으면 거기에 덧붙여 자기 멋대로 해석해 나가는 방법이다. 이런 방법은 성경의 흐름을 무시하고 한 구절만 따로 떼어서 점(點)으로 이해하는 것이다. 어떤 분은 익살스럽게 이런 방법은 '복음' 이 아니라 '뽑음' 이라고 했다.

만일 교인들에게 성경 한 구절을 읽게 하고, 그 말씀의 앞뒤 구절과 어떻게 연결되느냐고 묻는다면 올바르게 대답할 수 있는 분들이 얼마나 될까? 더욱이 오랫동안 교회를 다닌 사람들이 성경을 거의 모른다는 점이다. 그 이유는 한국 교회에서 가장 선호하는 설교나 성경 공부 방법이 성경에서 뽑은 것만으로 가르치는 방법에 치중하고 있기 때문이다.

우리는 학교에서 요약해서 공부하던 버릇이 있어 모든 것을 요약해서 이해하려고 한다. 역사나 교리책은 요약할 수 있어도 이야기는 요약할 수 없는 것인데도 이야기를 요약하려 한다.

만일 어떤 사람이 "하나님의 은혜는 족하다(sufficient)" 라고 했다고 하자. 그 말은 맞는 말이고 진리이다. 그러나 이 말을 어떤 경우에도 똑같이 적용한다면 문제는 심각해진다. 만약 고통을 당하고 있는 사람에게 하나님의 은혜가 족해서 문제 없이 해결될 거라고 말한다면, 그것은 자기의 말이지 하나님의 말씀은 아니다. 이 구절은 고통 중에 그 문제를 해결해 달라고 세 번이나 간청했던 바울의 기도를 거절하면서 주신 말씀이기(고후 12:9) 때문이다.

"하나님은 사랑이시다"라는 말을 생각해 보자. 만약 지금도 심각한 죄를 자랑스럽게 생각하며 살아가는 사람이 있는데, 그분에게 "하나님은 사랑이시다"라고 말했다면, 그건 어떤 의미가 될까? 죄를 짓고 있는 당신도 사랑한다고 하면, 하나님은 그 사람만이 아니라 그 죄까지도 사랑한다는 말이 된다.

요한일서 4장 8절에 나오는 "하나님은 사랑이심이라"는 말씀은 아무런 상황 없이 선포된 내용이 아니다. 도리어 하나님께 속했다고 하면서 사랑하지 않는 사람들을 책망하면서 주신 말씀이다. "사랑하지 아니하는 자는 하나님을 알지 못하나니 이는 하나님은 사랑이심이라(요일 4:8).

"기도하면 다 이루어진다"는 말을 사람들은 아무 생각 없이 쉽게 던진다. 그러나 어디에서도 조건 없이 단지 '기도하면 다 이루어진다' 고 기록된 곳은 한 곳도 없다(참고. 요 15:7; 요일 3:21-22).

구원, 중생, 영생, 그리고 믿음과 같은 기독교의 기본 진리를 어떻게 해석해야 할까? 이를 성경의 맥락에서 해석하느냐, 아니면 점(點)

으로 해석하느냐 하는 것은 해석상의 큰 차이를 낸다. 이런 용어들도 상황 없이 하늘에서 뚝 떨어진 용어들이 아니다. 구원, 중생, 영생, 의, 예정 등의 용어도 상황 속에 담겨져 있는 용어들이다. 그러므로 이런 단어들은 그 본문의 상황 속에서 이해해야지, 독립적인 의미로 이해한다면 해석하는 사람들마다 주관적으로 아무렇게나 해석하게 될 위험이 많다.

예를 들어, 소금을 다 좋은 것으로 해석한다면 그것은 위험하다. 소금이라고 해서 다 좋은 의미로 쓰이지는 않는다. "너희는 세상의 소금이니 소금이 만일 그 맛을 잃으면 무엇으로 짜게 하리요"(마 5:13 상). 그러나 마가복음 9장 49절에서는 "사람마다 불로써 소금 치듯 함을 받으리라"고 하였다. 여기서 소금은 좋은 이미지가 아니다. 지옥의 고통을 말하면서 사용한 용어이다. 그런데 소금은 좋은 것이니까 좋은 이미지로 해석해서 소금으로 위로해 주신다는 뜻이라고 한다면 이런 해석은 큰 문제가 아닐 수 없다.

'의'(righteousness)라는 단어는 같은 로마서 안에서도 다른 의미로 사용되기도 했다. "오직 의인은 믿음으로 말미암아 살리라"(롬 1:17)와 "의인은 없나니 하나도 없으며"(롬 3:10)에서 '의인'이란 단어는 약간의 의미상 차이가 있다. 여기에 덧붙여 시편 1편 6절에 나오는 '의인'은 또 다른 의미를 가지는 단어이다. 로마서 1장 17절의 '의인'이 믿음으로 사는 의인을 말한다면, 로마서 3장 10절에서 사용된 '의인'은 행위의 의인을 더 강조한다. 그리고 시편 1편 6절의 의인은 시냇가에 심겨져서 열매를 많이 맺는 사람을 말한다.

믿음이란 단어도 상황에 따라 약간씩 다르게 사용되었다. 마가복음 5장 25-34절에 나오는 열두 해 혈루증으로 고생하던 여인에게 예수님께서 "네 믿음이 너를 구원하였다"고 하신 믿음과 로마서 3장 30절에서 "믿음으로 말미암아 의롭다 하실 하나님은 한 분이시니라"의 믿음은 다른 의미이다. 또 히브리서 11장 1절의 "믿음은 바라는 것들의 실상이요 보이지 않는 것들의 증거라"에서 말하는 믿음도 엄격히 말하면 또 다른 의미를 가진다.

그런데 어떻게 글자만 같다고 해서 같은 믿음으로 동일하게 설명할 수 있겠는가? 하나님은 우리를 사랑하시되 모든 사람을 똑같은 방법으로 사랑하시지 않고, 믿는 자들에게 형통을 주시되 그것도 모든 사람에게 똑같지 않듯이 성경에서 사용하는 단어들도 그 상황에 따라 조금씩은 다르게 사용되었다는 점을 인정해야 한다.

성경을 추출식으로 해석하면 다음과 같은 모순이 생긴다.

1) 성경이 말하는 의미를 정확하게 알지 못한다. 우리에게 중요한 것은 성경이 뭐라고 말씀하시는가이다. 성경이 말하는 것은 곧 하나님께서 말씀하시는 것이다. 그런데 추출식으로 성경을 뽑아서만 읽은 사람들은 평생토록 하나님이 무엇을 말씀하시는가를 알지 못하게 될 것이다.

2) 우리가 믿는 하나님이 어떤 분이신가를 모른다. 이 세상에 변하지 않는 것은 단 두 가지다. 하나는 하나님이시고, 또 하나는 하나님으로부터 나온 말씀이다(벧전 2:23, 24). 하나님을 알 수 있는 것은

오직 말씀에 의해서뿐이다. 하물며 성경을 모르면서 어떻게 하나님이 어떤 분인가를 알 수 있단 말인가?

3) 추출식 성경 읽기는 그 말씀대로 살도록 이끌어주지를 못한다. 성경의 내용 안에 왜 그렇게 살아야 하는지, 어떻게 하면 그렇게 살 수 있는지가 다 들어 있다. 추출식으로 뽑아 읽으면 왜 그렇게 살아야 하는지, 어떻게 살아야 하는지에 대한 내용을 다 버린 것이다. 그런데 어떻게 그 말씀대로 살아갈 수 있단 말인가? 삶이 이야기라면 신앙의 삶도 이야기로 표현할 수밖에 없는데, 이런 이야기를 생략한다면 그 안에 담겨져 있는 '어떻게(how) 그렇게 살 것인가?' 를 보여주는 구체적 삶의 방법도 사라지게 된다.

4) 추출식 성경 읽기는 획일적이고, 상투적인(stereotype) 신자를 만들어낸다.

2) 관주식 성경 읽기

한국 교회가 선호하는 해석 중에는 관주식 방법이란 게 있다. 소위 성경에는 짝이 있다는 말로 짝 찾기를 하는 식의 해석이다. 성경에는 짝이 있는 정도가 아니라, 어느 구절을 이해하도록 도와주는 구절이 수없이 많다. 그러나 모든 말씀이 어떤 특정 상황에서 된 일이기 때문에 그 본문의 상황 아래서 이해해야 옳음에도, 단어와 문장만을 비교한다면 커다란 오류를 범하게 된다. 상황을 무시하고 단어만 같다고 해서 함부로 연결시키면 도리어 성경을 해치게 될 것이다.

사실 관주식이란 추출식 성경 읽기에서 단어나 이미지를 서로 연결시킨 것에 불과한 방법이므로 결과적으로 보면 관주식도 추출식 읽기를 사용한 것에 불과한 것이다.

예를 들어보자. 고린도후서 1장 3-7절을 읽어보자. 이 구절에서 눈에 띄는 구절은 '위로의 하나님' 이시다. 그래서 시편 23편 4절에서 위로를 찾는다. "주의 지팡이와 막대기가 나를 안위하시나이다." 다음엔 로마서 15장 4절에서 "무엇이든지 전에 기록된 바는 우리의 교훈을 위하여 기록된 것이니 우리로 하여금 인내로 또는 성경의 위로로 소망을 가지게 함이니라"를 찾는다. 말씀으로 위로하시는 하나님이시다. 또 요한복음 14장 16절을 찾는다. "내가 아버지께 구하겠으니 그가 또 다른 보혜사를 너희에게 주사 영원토록 너희와 함께 있게 하리니." 하나님은 성령으로 위로하신다고 말할 수 있으리라. 확실히 하나님께서 어떻게 사람들을 위로하시는지를 알 수 있게 된다.

그러나 고린도후서 1장 3-7절을 통하여 무슨 말씀을 하시려는지는 놓쳐버리고 만다. 결국 본문을 통하여 주시려는 진리는 놓쳐버린 셈이다.

마태복음 5장 4절에서 애통하는 자가 위로를 받는다고 했으니 하나님의 위로를 받기 위해서 애통해야 하고, 또 야고보서 4장 6절에서 겸손한 자에게 은혜를 주신다고 하셨으니 겸손해야 한다는 설교를 들었다면 남는 것은 무엇일까? 이런 해석이 고린도후서 1장 3-7절과 어떻게 연결될 수 있는가?

고린도후서는 고난 가운데 있는 사도 바울에게 하나님의 위로가 넘치고, 다른 형제자매들을 위로할 수 있게 해주신 하나님을 찬양하는 내용이다. 동시에 고난을 당하고 있는 신자들에게 '고난에 동참하고 있으니 또한 주님의 위로를 받으리라' 고 격려한다.

바울이 받은 위로의 구체적인 내용은 다음 구절인 고린도후서 1장 8-11절에 소개한다. 결국 여기서 위로는 고난을 잘 극복하고, 성도가 서로 하나님의 위로로 격려하면서 하나님의 뜻을 이루어가자고 하는 말씀이다. 그런데 이처럼 관주식으로 위로를 설명하면 하나님은 위로의 하나님이시라고 성도들에게 자장가를 불러주는 것과 같다. 따라서 하나님께서 왜 그리고 어떻게 위로해 주시는가, 위로의 하나님과 함께 어떻게 살아가야 하는가는 전혀 알 수 없게 된다.

관주식 방법을 잘 사용하는 자들은 이단들이다. 이단들은 자기들이 주장하는 입장에 성경을 짜 맞추고, 그것을 교리처럼 주장하는 사람들이다. 그리고 추종자들에게 그것만 달달 외우도록 한다. 추종자들은 그것이 성경의 전부인 양 의기양양하게 된다. 무식하면 용감하다는 말이 바로 이런 말이다. 이단은 오늘의 교인들이 무엇을 원하는가를 잘 아는 자들이지만 성경은 모르는 자들이다. 그런데도 왜 그리스도인들은 그들을 대항하여 진리를 변호하지 못하는가? 그들이 성경을 잘못 사용하고 있다는 점을 지적만 할 수 있다면 얼마든지 이단과 싸워 이길 수 있는데 말이다.

오래 전에 한 여교우가 어떤 이단에 물들었다. 그래서 그 가정을 찾아간 적이 있다. 그분을 보는 순간 무엇에 홀린 사람처럼 또는 악귀에 눌린 사람처럼 보였다. 눈동자가 달라지고, 그 여인에게 악한 정신이 있음을 느꼈다. 그분은 나에게 당신은 성경을 잘못 알고 있고, 잘못 가르치는 마귀와 같은 사람이라고 공격하기 시작하였다. 그녀는 매일 잠을 자지 않고 성경을 읽어서 성경이 다 떨어져 나갈 만큼 되어 있었다.

나는 차분하게 성경을 내놓고 그렇다면 당신이 주장하는 진리가 무엇인가를 설명해 보라고 했다. 그녀는 수많은 성경 구절을 암송하기 시작하였다. 나는 그녀가 성경 구절을 암송할 때마다 그 구절을 찾아 읽었고, 이 말씀이 당신이 인용하는 그 뜻이냐고 물었다. 한 나절을 그렇게 씨름했다. 그녀는 자기가 인용하는 모든 구절이 잘못되었다는 것을 알게 되자 자기 잘못을 인정하고 다시 일주일 시간적 여유를 주면 자기의 선생에게 가서 배워 다시 이야기하자고 제안했다. 일주일 후에 다시 만났다. 똑같은 방법으로 그분은 성경을 암송하고 나는 성경을 펼쳐 읽는 작업을 계속했다. 드디어 그녀는 항복하고 교회로 돌아왔다.

성경은 이야기 틀에 의하여 기록된 책이다. 그러므로 어느 구절이든지 그 이야기 틀에 의하여 해석을 먼저 해야 한다. 그런 다음에 그 내용을 우리 삶에 적용해야 한다. 그래야 성경을 통하여 하나님께서 우리에게 말씀하시는 뜻을 바르게 깨닫게 된다.

만약 우리 국민들에게 사랑받고 있던 《춘향전》을 몇 마디로 간추린다면 어떻게 될까? 이야기를 요약하면 그 이야기는 생명을 다한다. 현대는 영상시대다. 영상시대에서 스토리를 제거하면 영상시대는 존재할 수 없다. 드라마에서도 아무리 슬픈 장면도 그 장면만 딱 보여준다면 눈물을 흘릴 사람이 없을 것이다. 아무리 우스운 장면도 그 장면만 잘라서 본다면 웃을 사람이 없을 것이다. 그런데 처음부터 드라마를 봐온 사람이라면 점점 빠져들게 될 것이고, 작가의 의도대로 웃고 울고 할 것이다. 이것을 시너지 효과라 한다.

성경은 이야기이다. 이야기는 흐름을 따라서 읽어야 제 의미를 파악할 수 있다. 그런데도 이런 성경을 자기 입맛에 맞는 구절만 선택하여 자기가 말하려고 하는 것을 주장한다면 얼마나 황당한 일인가! 꼭 필요할 때에는 다른 구절을 인용할 수 있지만 원칙적으로는 책 한 권을 처음부터 끝까지 읽어가면서 그 맥락 안에서 구절의 의미를 찾아야 올바른 성경 읽기(해석)라 할 수 있다.

3) 알레고리식 성경 읽기

한동안 한국교회에서 소위 영해(靈解)라고 하는 알레고리적 해석이 유행한 적이 있었다. 물로 포도주를 만들었던 항아리가 왜 여섯 개였을까? 알레고리적 해석을 하는 사람들은 오대양 육대주를 의미한다고 했다. 즉 온 세상을 변화시키신다는 의미를 담고 있다고 말했다. 놀라운 해석이고, 감동적인 해석이다. 그러나 그 당시 사람들은 오대양 육대주가 있었다는 사실을 모르고 산 사람들이다.

어떤 사람들은 선한 사마리아인의 비유를 해석하면서 '주막'을 교회라고 해석하기도 했다. 어떻게 주막이 교회와 동일하다고 할 수 있단 말인가? 예수님의 비유에 나오는 주막은 돈 받고 사람들을 재워주고 필요를 돌보는 장소에 불과한 것이지 예수님께서 장차 교회의 모형으로 보여주신 것은 아니다. 아무리 좋은 착상이라고 해도 성경을 오해하게 만드는 일은 피해야 한다.

요한계시록에 나오는 짐승 위에 난 일곱 개의 뿔은 곧 일곱 가지의 죄악이라고 해석하기도 했다. 이처럼 영해라는 것은 해석의 근거가 전혀 없이 읽는 사람의 마음에 떠오르면 곧 해석이 된다. 그렇다면 성경은 자기 멋대로 해석해도 된다는 말이 된다. 잘못하면 성경의 근본적인 뜻을 왜곡시키는 잘못을 쉽게 범할 수 있다. 그래서 이단이 생겨나기도 한다.

어떤 분이 요한계시록을 읽다가 굉장한 깨달음을 얻고 흥분하여 달려온 적이 있었다. "목사님, 요한계시록에 나오는 독수리가 독일인 것을 깨달았습니다." 어떻게 그렇게 생각하느냐고 물었더니 나치의 상징이 독수리이기 때문이라고 했다. 나는 미국 국가 문장에도 독수리가 있는데, 그것은 어떻게 해석해야 하느냐고 묻자 그분은 고개를 갸웃거리며 되돌아갔다.

내러티브 해석은 철저하게 성경에 근거를 두고 있다. 아무리 좋은 상상이라도 성경 본문에 근거할 만한 것이 없다면 그런 해석은 취소해야 한다. 여기에 대하여 마크 포웰(Mark Powell) 교수는 명확하게 말한다. "내재된 독자(implied reader)가 안다고 전제하는 건 모두 알아야 한다. 독자가 모른다고 전제하는 것은 모두 잊어야 한다."

내재된 독자는 그 편지를 직접 받은 사람들을 말한다. 요한복음을 처음 받은 독자들이 알았던 것은 현재 독자들도 다 알아야 하고, 그들이 몰랐다고 전제되는 것들은 모두 잊어야 한다는 것이다. 그렇다면 과연 요한복음을 처음 받아서 읽었던 독자들은 돌 항아리 여섯 개가 육대주를 암시한다고 생각했을까? 누가복음의 독자들은 주막을 교회라고 생각했을까?

내러티브는 정확한 해석을 요구한다. 어떤 분들은, 내러티브 해석은 자기의 감정대로 해석하는 것이라고 생각하기도 한다. 내러티브 설교가 한국에 처음 들어왔을 때 잘못 소개되었기 때문이기도 하다. 내러티브 해석은 해석의 근거가 반드시 본문 안에 있어야 한다. 한 가지 예외적인 조건은 성경 인물의 감정이나 행동을 사람들의 일상적인 경험으로 해석할 수 있다는 점이다.

애굽 보디발의 집에서 요셉의 생활이 얼마나 고통스러웠을까에 대한 대답은 성경 본문에 나오지 않는다. 그러나 누구나 말이 통하지 않고 문화가 다른 나라에서 종살이하는 상황을 전제로 요셉의 처지를 생각한다면 쉽게 이해가 될 것이다. 이럴 때의 상상은 가능하다. 그러나 성경에 힌트도 암시도 없는 내용을 자기 멋대로 문학적인 내용을 첨가하여 해석하려는 것은 용납되지 않는다.

예를 들면, 예수님이 40일 금식하시던 사막을 표현한다고 "이글거리던 태양이 지고, 바람이 살랑살랑 불던 저녁에 사탄이 주님에게로 다가왔습니다"라고 한다면 이것은 허용될 수 없다. 그 시간이 언제였는지 성경은 말하지 않았는데, 시간을 자기 멋대로 설정할 수는 없기 때문이다. 또 바람이 불어왔는지도 확실히 모르면서 그런 미사

여구를 사용했기 때문이다. 이것은 성경의 권위를 흔드는 행위이다.

한국은 이단들의 천국이다. 이단들은 모두가 근거도 없이 자기들의 생각으로 성경을 해석하고 가르치는 사람들이다. 또 한국에 이단이 성행하는 것은 추출식 또는 자기가 좋아하는 성구를 꿰어 맞추는 식의 성경 해석 방법에도 원인이 있다고 본다. 추출식 방법을 가장 많이 사용해서 신자들을 유혹하는 무리들은 바로 이단들이다.

우리나라에 이단이 많은 이유는 한국 교회 성경 해석이나 설교의 문제점 때문이다. 그렇지 않아도 복 받기를 좋아하는 민족인데, 아무것도 하지 않고 은혜만 받으면 모든 것이 이루어지는 양 배워왔기 때문에 신앙과 미신을 구분할 능력을 상실한 것이다.

이단은 군중이 무엇을 원하는지를 아는 자들이다. 그리하여 군중의 욕구에 맞게 성경 구절을 짜 맞추는 전문가들이다. 이단은 없애려고 한다고 해서 없어지지 않는다. 건강하고 바른 성경 해석에 근거한 건강한 신앙으로 훈련하지 않으면 이단은 없어지지 않을 것이다. 건강한 한국 교회를 이루려면 이런 잘못된 성경 해석에서 빨리 벗어나야 한다. 그리고 우리 그리스도인들도 쉽게 복 받으려는 것보다는 철저하게 성경을 배우고, 그대로 삶으로써 하나님의 은혜를 누린다는 사실을 몸에 익히고 살아야 한다.

다. 성경 내러티브 읽기

젊은 시절, 내가 노회 교육부장으로 봉사할 때 일어났던 일이다. 매년 노회 소속 교회학교 선생들의 성경고시대회가 있어서 신약 문제를 출제한 적이 있다. 이 대회를 위하여 교회들은 한 달 동안 집중 훈련을 받기도 한다고 들었다. 그런데 문제는 시험이 끝나고 나서 일어났다. 많은 교사들이 거친 항의를 해온 것이다. 시험 문제가 잘못되었다는 것이었다. 이들이 바라던 성경 문제는 일반적인 상식에 가까운 것들이었다. 가령 바울 서신은 몇 편인가? 요한계시록의 일곱 교회는 어디어디인가? 믿음 장은 어디에 있는가? 등등 말이다.

그런데 내가 낸 시험 문제는 " '수고하고 무거운 짐 진 자들아 다 내게로 오라' 고 하였는데, 그 당시에 수고하고 무거운 짐 진 자들은 누구인가?" "왜 하나님의 시간은 하루가 천 년 같고 천 년이 하루 같다고 하셨는가?" 등이었다. 내 기억으로 그때 신약성경에서 얻은 최고 점수가 30점을 넘지 않았던 것으로 기억한다.

성경이 몇 권이고, 복음서는 몇 권이고, 12사도의 이름은 누구누구인가? 이런 문제는 사실 몰라도 괜찮은 것들이다. 물론 성경을 읽으려면 기본적으로 알아야 하겠지만 말이다. 그 정도를 아는 것은 우리 신앙과 아무런 관계가 없고, 우리 영혼과도 관계가 없다. 개념만 이해해서는 성경의 본래 의도에 도달할 수 없다. 성경 읽기는 마땅히 달라져야 한다.

다윗의 이야기를 생각해 보자. 사무엘서 저자는 다윗이 골리앗과 싸우던 이야기를 무려 54절에 걸쳐 기록해 놓았다(삼상 17:1-54). 다윗 이야기는 그가 아버지의 심부름으로 전쟁터에 나가 있는 형들의 도시락을 들고 가는 이야기로 시작된다. 그러나 다윗은 형들로부터 전쟁을 구경하러 온 놈이라고 책망을 받는다. 도시락을 달랑달랑 들고 싸움터를 찾아가는 다윗, 형들에게서 구경하러 온 놈이라고 책망 받고 머쓱해하는 다윗의 모습을 상상해 보라.

그런 그가 골리앗의 말을 듣고 분노하여 골리앗과 싸우겠다고 한다. 마침내 다윗은 사울 왕 앞으로 안내된다. 사울 왕 앞에 불려갔다는 말은 다윗이 어리지만 전쟁 구경이나 하러 다니는 철부지가 아니었음을 암시해 준다.

사울 왕은 다윗을 타이른다. 골리앗은 평생 군대에서 뼈가 굵은 자이지만, 너는 아직 어린 소년이라고 한다. 너의 기상은 놀랍지만 너는 절대로 골리앗의 상대가 될 수 없다고 만류한다. 다윗이 굽히지 않자, 사울은 자기의 갑옷을 입혀보고, 투구를 쓰게 해본다. 칼은 다윗의 허리에 닿았고, 사울의 전투 복장은 그를 내리눌러 걸을 수도 없었다(삼상 17:39). 갑옷과 투구 안에 파묻혀 보이지 않는 어린 다윗의 모습이 얼마나 우스꽝스러운가? 그런 그가 천하의 장사 골리앗과 싸우러 간다니 기절초풍할 노릇이다.

결국 다윗은 이것들을 다 벗어놓고 목동의 도구에 시냇가에서 주은 돌 다섯 개를 주머니에 넣고 골리앗 앞에 나간다. 저자는 이런 내용을 자세히 기록하는 데 무려 28절(12-40절)을 사용하였다. 그리고 41-47절은 골리앗이 힘이 세고 싸움 잘하는 용사일 뿐 아니라 아무도 그를 공격할 수 없을 만큼 완전무장을 한 장군이란 점을 기술하는 데 사용하였다. 골리앗은 목동의 도구를 가지고 자기와 싸우겠다고 나온 다윗을 보고 "나를 개로 여기고 왔느냐?" 고 말한다.

이런 이야기를 자세하게 쓴 이유는 무엇일까? 도시락이나 나르는 심부름하는 아이, 군대의 갑옷이 하나도 몸에 맞지 않을 만큼 아직은 어리고, 골리앗이 동네 꼬마로 볼 만큼 어린 다윗의 모습 등을 왜 그리도 자세하게 기록했을까? 사무엘서 저자는 다윗의 어리고 나약함과 골리앗의 위대한 전투능력과 완벽한 무장을 극명하게 대조시켜 보여줌으로써 다윗이 골리앗의 상대가 되지 못한다는 것을 강조하고 있다.

다윗의 도전은 절대 불가능하다고 말하고 있다. 다윗은 골리앗의 상대가 아니라고 여러 차례 강조하는 이유는 다윗이 골리앗을 물맷돌 하나로 넘어뜨려 죽이는 스릴(thrill)을 만들기 위해서다(삼상 17:48-

51). 다윗의 도전이 우스꽝스럽게 보일수록 그의 승리는 감격 이상의 것이기 때문이다.

그러므로 다윗과 골리앗의 싸움은 불가능한 길을 죽음을 무릅쓰고 가는 소년 다윗의 걸음에서 서스펜스를 느끼고, 다윗이 골리앗을 죽이고 승리하는 극적인 환희를 만끽할 수 있도록 세심하게 구성한 작품이다. 나아가서는 다윗이 도저히 할 수 없는 일을 그가 의지하는 여호와 하나님께서 하셨다는 것을 강조하려고 한다. 그를 승리하게 하셨던 하나님이 얼마나 위대하신가를 보여주려고 한 것이다(삼상 17:47).

그렇다면 왜 하나님은 다윗을 승리하게 하셨을까? 저자는 그가 여호와 하나님의 이름을 영화롭게 하기 위하여 불가능한 싸움을 자처해 나섰고(삼상 17:26, 36), 또 그분을 의지하고 나갔기 때문(삼상 17:45-46)이라고 말하고 싶은 것이다.

어떻게 하면 성경을 깊이 있고 재미있게 읽을 수 있을까?

1) 반복하여 읽기

성경은 해석하기보다는 읽어야 하고 보아야 하는 책이다. 성경을 읽는다는 것은 아이들이 동화책을 보면서 책 속에 빠져들듯이 성경 속에 빠져들어야 한다. 그런데 아이들이 동화책을 읽는 것과 우리가 성경을 읽는 방법에는 큰 차이가 있다. 아이들은 동화책 속에 나오는 인물들과 자신을 동일하게 생각하면서 그 사건 속에서 울고 웃고, 위기를 느끼고 자유를 맛보며 읽는다. 그런데 우리는 글자만 읽는다. 성경은 이전에 있었던 사건을 기록한 책이요, 하나님께서 살아 계시기 때문에 지금도 살아 있는 책이다. 그러므로 책 속에 들어가서 하나님의 음성도 들어보고, 인물들의 행동을 주의 깊게 살피기도 하고, 때로는 관객으로 보기도 하고, 때로는 주인공이 되어 보기도 하면서 읽어야 한다.

그러나 한 가지 기억해야 할 점은, 성경은 동화책처럼 일차원적으로 기록된 책이 아니기 때문에 단 한 번에 그 내용을 자세하게 깨닫기는 매우 어렵다는 점이다. 아무리 성경을 오래 연구한 사람도 처음 대하는 본문을 한 번 읽고 그 내용과 의미를 다 이해한다는 것은 불가능하다.

그러므로 성경은 같은 본문을 생각하면서 읽고 또 읽어야 한다. 자세하고 주의 깊게 본문을 반복해서 여러 번 이해될 때까지 읽어야 한다. 그리고 해석을 먼저 하려고 하지 말아야 한다. 그 본문이 무엇을 어떻게 말하고 있는가를 이해하는 것이 중요하다.

천천히 기도하는 마음으로 읽어야 한다. 어떤 본문은 20번 이상, 서신 같은 경우는 40-50번도 읽어야 한다. 본문의 내용이 명확해질 때까지 읽는다. 자기의 선입견을 버려야 한다. 해석하면서 읽어서도 안 된다. 누구에게 이 본문을 가르치려는 목적으로 읽어서도 안 된다. 단순히 성경을 읽어야 한다.

성경은 그 본문이 보여주려고 하는 내용을 보도록 초청하는 책이다. 에덴동산 이야기는 독자들에게 본문을 읽도록 주문하기보다는 저자가 보여주기를 원하는 내용을 보도록 우리를 초청하는 대표적인 예이다. 예수님이 세례를 받으시는 이야기도 그 장면에 주목해야 한다. 그래서 그 구절을 바로 이해해야 한다. 그렇기 때문에 성경은 그 내용을 머리에 그림을 그리면서 여러 번 읽어야 한다.

많은 분들은 성경을 이해하려면 주석이 필요하다고 생각한다. 주석이 필요한 것은 말할 필요가 없다. 그러나 주석에 의존하기보다 먼저 본문을 바르게 이해하는 것이 훨씬 더 중요하다. 완벽한 주석도 없을 뿐더러 성경보다 바르게 하나님의 말씀을 들려주는 주석은 없기 때문이다. 성경을 꼭 몇 번을 읽어야 한다고 정할 수는 없다. 사람마다 본문을 온전히 이해하기까지 몇 번을 읽어야 하는지는 다 다르기 때문이다. 그리하여 성경을 덮어도 본문의 내용이 그림으로 머리에 확실하게 그려질 때까지 읽어야 한다. 그리고 머릿속에 그려진 그림을 놓고 묵상해야 한다.

좀 더 기술적인 읽기를 하려면 구절과 구절의 이음매를 생각하면서 읽어야 한다. 핵심 사건과 주변 사건을 구별해야 한다. 어디서 언제 일어난 일인가를 먼저 생각하고 읽어야 한다. 지리나 풍습 등의 문화적 배경을 이해하고 읽어야 한다. 저자이신 하나님께서 그 본문 전체를 통하여 무엇을 말씀하시려고 하는지를 이해하며 읽어야 한다. 이것은 감동적인 한 구절보다 더 중요하다.

2) 그림 그리며 읽기

어느 사진작가가 서울 을지로 거리를 걷다가 작품거리를 발견했다고 한다. 가을 잎이 다 진 감나무에 매달려 있는 감이었다. 이 작가는 그것을 작품으로 만들기 위하여 매일 감나무가 있는 곳에 와서 감을 쳐다보기를 일주일이나 계속했다고 한다. 그리고 자기 마음에 온전한 영상이 형성되었을 때 비로소 작품을 만들었다고 한다. 감 하나를 작품화하기 위하여 그처럼 많은 시간을 소비하면서 마음에 그렸다는 점이 대단하다.

시인은 한 편의 시를 쓰기 위해 수십 번 어떤 사건이나 주제를 상상하며 그림을 그린 후에야 말로 옮긴다. 성경은 읽어야 하고, 들어야 하며, 그림을 그려야 한다. 본문의 내용이 무엇을 말하는가를 그림으로 온전하게 그려내지 못한다면 그 내용을 충분히 이해했다고 말할 수 없다. 본문을 천천히 자세히 반복해서 읽어야 하고, 본문의 내용을 머리에 그리면서 읽어야 한다. 해석하려고 하지 말고, 성경이 보여주는 면을 보면서 읽어야 한다. 상상력도 필요하다.

성경을 덮은 후에 그 본문의 그림을 그려보자. 아마 처음에는 그림이 분명하게 그려지지 않을 것이다. 그렇다면 정확하지 않은 부분은 본문을 다시 읽으면서 보충해 가면서 또 읽어야 한다. 설교자나 성경교사나 사실은 성경 본문의 그림이 정확하게 내면에 그려지지 않은 채 설교하거나 가르치기 때문에 분명하게 그 의미를 전달하지 못하는 것이다. 말씀이 내면화되지 않으면 의미 전달을 하지 못하고 말로만 전달하게 된다. 또 아무리 말을 잘하는 사람도 내용을 분명히 자기 것으로 소화하지 못하고 전달하려고 한다면 더듬이가 될 것이다.

그림을 그리면서 읽거나 완전한 그림을 그린다면 성경 본문은 더 많은 말을 던져줄 것이다. 삭개오의 이야기를 한번 그림으로 그려보며 읽자. 아마도 성경이 달라질 것이다. 옛날의 말씀이 오늘을 살고 있는 내 앞으로 갑자기 다가올 것이다.

3) 다른 번역 성경과 대조하며 읽기

성경이 본래 기록된 히브리어나 헬라어는 우리의 어순과는 정반대일 때가 많다. 서양 언어들은 히브리어나 헬라어의 어순과 거의 비슷하므로 성경 원문과 가까운 번역본과 대조해서 읽는다면 성경을 훨씬 쉽고 분명하게 읽을 수 있다. 한국어 번역 성경 두 가지만 대조해서 읽어도 훨씬 쉽게 이해될 수 있다.

본문에서 좀 더 명확하게 이해되어야 할 필요가 있다고 느끼는 내용이 있을 때는 다른 번역본이나 영어 번역본을 읽을 필요가 있다. 한국어와 성경 원어의 문장 구조가 다르기 때문이다. 우리말에서는 중요한 동사가 문장 맨 뒤에 나온다. 그러나 원어나 영어에서는 문장 앞에 나온다. 그렇기 때문에 성경이 무엇을 강조하는가를 찾으려면 영어 번역본을 참고하는 것이 좋다. 이 작업은 주석 작업보다 더 중요하다.

성경의 언어와 우리의 언어는 구조적인 면이 다르다. 문장의 순서도 다르고 표현법이 다르다. 그러나 영어나 독일어는 성경 언어와 어순이 비슷하다. 그래서 원어를 모르는 그리스도인들이 성경을 잘 이해하기 위해서는 영어나 독일어, 불어나 스페인어와 같은 번역본을 읽는 것이 중요하다. 물론 일본어나 중국어를 대조해서 읽어도 좋을 것이다. 같은 본문을 여러 번역본으로 읽고 혹 다르게 번역된 것이 있는지, 또는 어느 번역본이 더 명확하게 느껴지는지를 찾아보며 읽어야 한다.

완전한 번역이란 존재할 수 없다. 번역은 반역이란 말이 있듯이 문화가 다른 언어를 바르게 번역한다는 것은 정말 어려운 일이다. 그런데 성경의 번역은 해석과 동시에 이루어져야 하기 때문에 번역자들이 성경을 어떤 각도로 보느냐는 관점에 따라서 차이가 많이 나게 된다.

특별히 내러티브로 읽으면서 번역이 단순히 단어 번역으로 된 곳이 있다는 사실도 발견하게 된다. 그러나 여러 번역본을 읽으면 서로의 부족한 부분을 서로 보충해 주기 때문에 이해하기가 더 쉬워질 것이다. 아래에 소개한 번역본들은 특별한 의미보다는 단순하게 읽으면서 각각 어떻게 느껴지는가를 보도록 제시하는 것이다.

예를 들어보자.

만나매 안디옥에 데리고 와서 둘이 교회에 일 년간 모여 있어 큰 무리를 가르쳤고 제자들이 안디옥에서 비로소 그리스도인이라 일컬음을 받게 되었더라(행 11:26, 개역개정).

그를 만나 안디옥으로 데려왔다. 두 사람은 일 년 동안 줄곧 거기에 머물면서, 교회에서 모임을 가지고, 많은 사람을 가르쳤다. 제자들은 안디옥에서 처음으로 그리스도인이라고 불리었다(행 11:26, 새번역).

And when he had found him, he brought him to Antioch. So for a whole year Barnabas and Saul met with the church and taught great numbers of people. The disciples were called Christians first at Antioch(Acts 11:26, NIV).

우리가 알거니와 하나님을 사랑하는 자 곧 그의 뜻대로 부르심을 입은 자들에게는 모든 것이 협력하여 선을 이루느니라(롬 8:28, 개역개정).

하나님을 사랑하는 사람들, 곧 하나님의 뜻대로 부르심을 받은 사람들에게는, 모든 일이 서로 협력해서 선을 이룬다는 것을 우리는 압니다(롬 8:28, 새번역).

And we know that in all things God works for the good of

those who love him, who have been called according to his purpose(Rome 8:28, NIV).

에베소서 3장 14-19절은 더 어렵다. 개역개정판으로는 무슨 말인지 이해하기가 어렵다.

이러므로 내가 하늘과 땅에 있는 각 족속에게 이름을 주신 아버지 앞에 무릎을 꿇고 비노니 그의 영광의 풍성함을 따라 그의 성령으로 말미암아 너희 속사람을 능력으로 강건하게 하시오며 믿음으로 말미암아 그리스도께서 너희 마음에 계시게 하시옵고 너희가 사랑 가운데서 뿌리가 박히고 터가 굳어져서 능히 모든 성도와 함께 지식에 넘치는 그리스도의 사랑을 알고 그 너비와 길이와 높이와 깊이가 어떠함을 깨달아 하나님의 모든 충만하신 것으로 너희에게 충만하게 하시기를 구하노라(엡 3:14-19, 개역개정).

그러므로 나는 아버지께 무릎을 꿇고 빕니다. 아버지께서는 하늘과 땅에 있는 각 족속에게 이름을 붙여주신 분이십니다. 아버지께서 그분의 영광의 풍성하심을 따라 그분의 성령을 통하여 여러분의 속사람을 능력으로 강건하게 하여 주시고, 믿음으로 말미암아 그리스도를 여러분의 마음 속에 머물러 계시게 하여 주시기를 빕니다. 여러분이 사랑 속에 뿌리를 박고 터를 잡아서, 모든 성도와 함께 여러분이 그리스도의 사랑의 너비와 길이와 높이와 깊이가 어떠한지를 깨달을 수 있게 되고, 지식을 초월하는 그리스도의 사랑을 알게 되기를 빕니다. 그리하여 하나님의 온갖 충만하심으로 여러분이 충만하여지기를 바랍니다(엡 3:14-19, 새번역).

For this reason I kneel before the Father, from whom every familya in heaven and on earth derives its name. I pray that out of his glorious riches he may strengthen you with power through his Spirit in your inner being, so that Christ may dwell in your hearts through faith. And I pray that you, being rooted and established in love, may have power, together with all the Lord's holy people, to grasp how wide and long and high and deep is the love of Christ, and to know this love that surpasses knowledge-that you may be filled to the measure of all the fullness of God(엡 3:14-19, NIV).

4) 대화하며 읽기

대화에서 가장 중요한 것은 상대편에게서 잘 듣는 것이다. 더 잘 듣기 위해서는 때로는 질문을 던지기도 해야 한다. 성경을 읽으면서 질문하고 성경으로부터 들어야 한다. 그리고 성경이 침묵하고 있는 곳에서는 우리도 침묵하며, 그리고 질문을 던져야 한다. 때로 내용이 생략되거나, 함축적이거나 상상하도록 되어서 이해하기가 힘들 때는 왜 이처럼 표현했는가를 물어야 한다.

성경은 하나님의 차원에서 쓰여진 책이기 때문에 인간 차원에서 이해하는 것은 논리적으로 맞지 않는다. 이런 점에서 계속 질문을 던져가며 대답을 찾아가며 읽어야 한다. 성경에 질문을 던지는 것은 의심과는 다르다. 이것은 더 잘 이해하기 위하여 질문을 던지는 것이다.

성경 자체가 우리에게 질문을 유도하고 있다. 거기에 응답하는 것이 성경과 대화하는 방법이고, 질문을 하고 대답을 들어야 그 말씀이 우리에게 무엇을 말하려고 하는지를 정확하게 들을 수 있다. 역대하 1장 1-13절에 솔로몬이 일천 번 드린 내러티브가 나온다. 1절은 이렇게 시작한다. "다윗의 아들 솔로몬의 왕위가 견고하여 가며 그의 하나님 여호와께서 그와 함께하사 심히 창대하게 하시니라."

그렇다면 왕위도 견고하여 모든 것이 창대하게 되는데 솔로몬은 왜 일천 번이나 번제를 드렸는가? 이것은 당연한 질문이다. 또 솔로몬은 언제(when), 어느 시기에 번제를 드렸는가? 어디서 드렸는가? 왜 그곳에서 드려야 했을까? 무엇을 바라고 번제를 드렸을까? 이런 질문도 없이 내용만 읽어간다면 본문으로부터 들으려는 생각이 없는 사람이라 하겠다.

이런 질문을 던지면 본문은 대답할 것이다. 그 대답은 솔로몬이 번제를 드린 후에 하나님의 말씀에서 나온다. "그날 밤에 하나님이 솔로몬에게 나타나 그에게 이르시되 내가 네게 무엇을 주랴 너는 구하라"(대하 1:7). 솔로몬이 마음으로는 무엇을 구할 생각이 있었는지 모르지만, 겉으로는 아무 이유 없이 하나님의 은혜에 감사하여 번제를 일천 번이나 드린 것이다(대하 1:8). 하나님께서 그의 제사를 얼마나 기뻐하셨겠는가?

어떻게 보면 성경은 모순 덩어리다. 우리 인간의 개념으로는 이해가 되지 않는 부분이 너무나 많다. 왜 나사로는 천국에 갔고, 부자는 음부에 갔을까? 나사로는 한 일이 하나도 없다. 부자가 아브라함을 아버지라고 부르는 것을 보면 그는 정통 유대인이라고 자칭하며 사는 사람이다. 그런데 왜 음부에 떨어졌을까?

아브라함이 하갈을 얻은 것은 사라가 허락한 것이고, 그 당시에는 일부다처제가 실시되던 때인데, 하나님께서는 왜 13년간이나 침묵하셨을까? 구약의 예언자들은 유대인들이 이방 신을 섬기는 것을 왜 간음이라고 했을까? 무슨 근거로 그렇게 말한 것일까?

왜 하나님은 아브라함에게 이삭을 바치라고 하셨을까? 하나님은 아들을 제물로 바치는 일을 절대 금하셨다. 그런데 하나님이 이삭을 바치라고 하신 것은 자신의 논리에 위배되는 것인데, 왜 그리하셨을까? 순종을 보기 위해서 그처럼 과격한 행동을 요구하셨을까? 성경은 우리의 이성으로 이해되지 않는 것들이 너무도 많다.

이 질문에 대답하면서 읽어야 성경은 이야기로써 끈이 풀리며 읽어지게 된다. 리처드 젠센(Richard Jensen)은, "성경의 이야기들은 독자가 단지 성경 이야기의 실체를 이해하도록 하는 것이 아니라 그 이야기의 실제에 직접 참여토록 초청한다"고 했다.

성경은 딱딱한 책처럼 보이지만 자세히 들여다보면 그 안에는 독자들이 파고들어 갈 틈이 있고 독자들을 위한 공간이 존재한다. 바로 그 공간은 독자들이 파고들어 가서 읽어내야 하는 부분이다. 한마디로 말해 성경은 독자들과 대화하고 싶어하는 책이다.

그러므로 성경을 읽을 때는 성경을 전혀 모르는 사람처럼 읽어야 한다. 그리하면 많은 부분에 묻고 싶어지게 될 것이다. 이것은 더 깊이 이해하기 위하여 질문을 던지는 것이니 의심하라는 말이 아니다. 많은 사람들이 너무 당연하게 성경을 읽다 보니 그 안에 있는 진리도 당연한 말들처럼 놓쳐버리는 경우가 많다. 어느 경우에는 성경이 나를 읽는 경지로까지 들어가야 한다는 말이다.

5) 묵상으로 읽기

묵상이란 무엇인가? 묵상은 눈을 감고 그 내용을 생각하며 침묵하는 것이라고 생각한다. 그러나 히브리적 묵상은 침묵이 아니다. 히브리인들은 침묵 기도나 묵상을 모른다. 예루살렘의 통곡의 벽에 가보면 침묵으로 기도하는 사람이 없다는 것을 발견한다. 이처럼 히브리인들은 침묵이 묵상이 아니다.

허성준은 그의 《수도 전통에 따른 렉시오 디비나》에서 '묵상'(meditation)이란 단어는 라틴어 'meditari'(묵상하다)에서 왔으며 이것은 '하나님의 말씀을 내면으로 받아들이다'의 뜻인 헬라어 'meletan'에서 왔다고 한다. 이 말은 다시 '어떤 것을 반쯤 소리 내어 중얼거리다'의 뜻인 히브리어 '하가'(hagah)에서 왔다.

히브리어로 묵상은 바로 이 '하가'다. 이사야 31장 4절에 "여호와께서 이같이 내게 이르시되 큰 사자나 젊은 사자가 자기의 먹이를 움키고 으르렁거릴 때에"라고 했다. 여기서 사자가 '으르렁거림'이 바로 하가이다. 하가(묵상)는 사자가 먹을 것을 얻어 으르렁거리며 먹다가 배가 부르면 감추어 두고, 다음 날 또 그 먹이를 꺼내어 으르렁거리며 먹는다는 데서 나온 단어이다.

시편 1편 2절에 나오는 '묵상하다'의 단어도 하가이다. 히브리어에서 말하는 묵상은 말씀을 놓고 자주 입으로 소리 내어 말하는 것을 말한다. 아침에 읽은 성경을 하루 종일 작은 소리를 내며 읊조리며 지내는 것이 묵상이다. 그 다음 날도 그리 할 수 있다. 그 말씀이 자기 안에서 소화될 때까지 담고 암송하고 사는 것이다.

4세기 초의 수행자 성 안토니(St. Anthony)는 다음과 같이 해학적인 비유를 사용하여 묵상을 설명했다.

> 낙타는 소량의 음식만을 필요로 한다. 낙타는 마구간에 돌아올 때까지 음식을 위장 안에 보관하고 있다. 낙타는 음식을 다시 올려내어 음식이 낙타의 뼈와 살에 흡수될 때까지 음식을 되새김질한다. 그러나 말이란 동물은 많은 음식을 필요로 하며, 항상 먹고, 먹은

> 것을 곧 소진시켜버린다. 그러므로 우리는 하나님의 말씀에 복종하지 않으면서 그 말씀을 계속 암송하는 말(horse)을 닮지 말아야 한다. 오히려 우리는 하나님의 말씀을 암송하면서 하나님 말씀대로 살 때까지 말씀을 안에 보관하고 있는 낙타를 닮아야 한다.(한스 웨버, 《성서, 나를 읽는 책》에서)

성경의 사건 속에 들어가 그 사건을 체험하려면 묵상을 해야 한다. 명상과 묵상은 다르다. 전자는 주어진 내용 없이 막연하게 생각하는 것을 말한다면 묵상은 어떤 내용을 마음에 담고 하는 것이다. 묵상을 하기 위해서는 본문을 천천히 기도하는 마음으로, 가슴을 기울이고 여러 번 읽어야 한다. 본문의 내용이 머리에 명확하게 그림으로 그려질 때까지 읽어야 한다. 그리고 머리에 그려진 말씀을 놓고 묵상을 시작한다.

요리로 말한다면 어떤 음식을 만들기 위해 재료를 준비해 놓고 어떻게 재료를 사용해야 음식의 참 맛을 낼 수 있을까를 생각하는 것과 같다 하겠다. 묵상은 소가 풀을 뜯어먹고 새김질을 하는 것이다. 말씀이 머리로 이해된 것을 가슴으로 옮겨내는 작업이다. 이처럼 묵상을 하면 묵상이 진행되는 동안 본문을 읽을 때 느끼지 못했던 점들이나 이해할 수 없었던 부분들이 점점 명확해지기 시작한다.

그림자를 보는 것처럼 희미했던 내용들이 이런 묵상을 통하여 마치 내가 그 현장에 있었던 것처럼 느껴지므로 본문을 간접적으로 체험하게 된다. 해석과 의미 파악이 성령으로부터 자연적으로 온다.

하나님께서 본문을 통하여 나에게 말씀하시는 시간이다.

이때 주의해야 할 점은 내가 의도적으로 무엇을 끄집어내려고 하지 말아야 한다. 본문을 통하여 성령이 말씀하시도록 해야 한다. 묵상은 철저하게 말씀이 나에게 말하도록 하는 과정이다. 묵상에 많은 시간을 투자하면 할수록 말씀의 내용이 깊어진다. 그다음 단계는 성령께서 직접 나에게 말씀하시는 단계로 넘어간다. 묵상은 성경을 깊이 있게 깨닫도록 성령께서 도우시는 통로이기도 하지만, 성령께서 그 말씀을 통하여 우리에게 말씀하기도 하신다. 나에게는 묵상을 통하여 깨달은 진리가 너무 많다.

한번은 베드로후서 3장 8절의 "사랑하는 자들아 주께는 하루가 천 년 같고 천 년이 하루 같다는 이 한 가지를 잊지 말라"는 말씀을 묵상한 적이 있었다. 그리스도인이라면 입에 달고 사는 말씀인데, 선뜻 그 의미가 분명하게 다가오지 않아서 끙끙거리고 있었다. 주석책을 보았지만 신통하게 설명된 것도 없었다.

그런데 어느 날 새벽에 자리에서 일어나자마자 내면에서 들려오는 소리가 있었다. '하나님의 시간은 사랑의 시간이다.' 그리고 본문이 그림처럼 풀리기 시작하였다. 그렇다. 주님이 속히 오셔야 하는데, 주님의 마음은 두 가지로 고통스럽다.

믿음 때문에 고통과 박해를 받고 사는 하나님의 백성을 위해서는 주께서 빨리 오셔야 하는데, 그렇지 못하기 때문에 주님은 하루가 천 년처럼 지루하게 느껴지시고, 반면 멸망을 받게 될 사람들을 생각하면서 재림을 생각하면 천 년이 하루처럼 빨리 지나게 된다는 것이다. 하루가 천 년, 천 년이 하루라는 하나님의 사랑에 전율을 느꼈다.

한번은 요한복음 21장 1-19절을 설교 본문으로 정하고 수십 번을 읽으면서 그 내용을 그림으로 머리에 담았다. 그려진 그림을 담고 일상생활을 해나가는 동안, 머리에서 본문에 숨겨진 그림을 찾아주기 시작하였다.

고속도로를 운전하다가 갑자기 예수님께서 갈릴리 해변에 피워놓은 숯불이 보이기 시작하였다. 그런데 그 숯불은 바로 베드로가 예수님을 부인하면서 쬐고 있던 숯불로 오버랩되기 시작했다. 그림은 발전하기 시작하였다. 그 위에 놓여 있는 빵은 예수님과 마지막 최후 만찬을 나누었던 빵이었고, 물고기는 누가복음 5장에서 베드로가 처음 예수님을 통하여 체험했던 기적의 물고기를 상징하고 있었다.

갈릴리에서 예수님이 베드로를 만난 것은 그가 주님을 부인한 후에 첫 번째 대면하는 만남이었다. 그곳에서 주님은 베드로에게 아무 말씀도 하지 않으셨다. 단지 베드로 앞에 숯불만 피워놓고 계셨다. 요한복음 21장 9절에서도 베드로가 육지에 올라와서 가장 먼저 본 것은 예수님이 아니었다.

왜 예수님께로 헤엄쳐서 급하게 온 그가 주님을 바라보지 않고 숯불을 가장 먼저 본 것일까? 요한이 보여주려고 하는 것은 과연 무엇일까? 베드로의 관심은 숯불이었다. 주님께서 베드로와의 관계에서 있었던 중요한 사건들을 숯불로 재현시켜 놓고 있었기 때문이었다.

말없이 베드로에게 과거의 감격과 잘못을 느껴보도록 했던 장면은 사랑의 극치였다.

그때 얼마나 놀라고 감격했는지 고속도로에서 눈물을 닦을 수가 없었다. 그리고 집에 돌아와서 숯불이란 헬라어를 찾아보니, 놀랍게도 베드로가 가야바 집에서 쬐고 있던 숯불이란 단어와 갈릴리에서 주님이 피워놓은 숯불이란 단어가 동일하였다. 여기에 사용된 '안드라키아'(ἀνθρακιά)는 신약성경에서 요한복음에서만 두 번 사용된 단어인데, 베드로가 주님을 부인하던 밤의 숯불(요 18:18)과 21장 9절에 나오는 숯불이다. 그다음 주일에 했던 "사랑이 눈물 되어 흐르던 날"이란 설교는 십여 년이 지난 지금에도 그 말씀을 기억하는 분들이 많다.

묵상은 성령께서 그 말씀을 더 깊이 깨닫게 해주는 시간이며, 더 깊이는 그 말씀을 통하여 나에게 또 다른 말씀을 하시는 순간이다. 하나님과의 교제는 묵상에서 이루어진다고 해도 과언이 아니다. 우리나라에서 활발하게 이루어지고 있는 QT는 정말 훌륭한 성경 묵상 시간이다.

그런데 큐티에서 잘못될 수 있는 부분이 있다. 어떤 특정 본문을 앞뒤 상황과 연결해서 읽지 않고 그 구절만을 딱 잘라서 큐티를 하는 것은 성경 본문을 잘못 묵상할 수 있는 위험이 있다. 또 큐티를 하는 과정에서 성경이 말하는 것을 들으려 하지 않고 그 속에서 내가 무엇인가를 깨달으려고 한다면 그것도 문제가 있다.

진정한 큐티를 하려면 본문 전체의 내용을 먼저 바르게 이해해야 한다. 다음에는 그 본문이 우리에게 무엇을 말씀하는가를 들어야 하고, 성령께서 그 말씀을 통하여 우리에게 무엇을 말씀하려고 하는가를 들으려고 해야 한다. 성경이 말하게 하고, 성령이 말씀하시도록 해야 한다. 큐티를 좀 더 차원 높은 묵상으로 만들기 위해서는 '거룩한 읽음' (Lectio Divina)을 참고할 필요가 있다고 본다.

'거룩한 읽음' 은 하나님과 교제를 위한 기도의 한 방법이지만 성경 본문을 깊이 이해하도록 돕는 좋은 묵상이기 때문이다. 이런 묵상 방법도 제안하고 싶다.

> 저녁 잠자리에 들기 전에 성경을 읽고 그 말씀을 가지고 잠자리에 들어가라. 그리고 그 말씀을 되새김하면서 잠에 빠져라. 순수한 마음은 빨리 잠에 빠지도록 할 것이다. 아침에 눈을 뜨기 전 다시 그 말씀으로 돌아가 보면, 말씀이 이해되도록 정리되어 있거나, 아니면 하나님이 보내주신 메시지가 기다리고 있을 것이다.

6) 내러티브 읽기를 위한 특별 주문

찰린 진 교수는 그의 논문에서 이사시 디아즈(Isasi-Diaz)와 아다 마리아(Ada Maria)의 내러티브에 대한 정의를 소개하고 있다.

> 내러티브란 (인간들의) 경험을 언어로 표현하므로(embodies) 쉽게 읽을

수 있고, 다시 읽음으로 이 세계에 대하여 이해하도록 하며, 궁극적으로는 우리가 누구인가를 깨닫도록 하는 커뮤니케이션의 한 방법(mode)이다. 그러므로 내러티브는 단순한 문학의 한 장르(genre)이거나 이야기들을 모아놓은 것이 아니고, 삶의 경험들을 의미 있는 에피소드로 구성하기 위한 하나의 도구(tool)이다.(찰린 진 교수의 학위논문에서)

이사시 디아즈(Isasi Diaz)가 말하는 정의에 의하면, 내러티브에는 먼저 경험된 사건이 있다. 다음엔 이처럼 경험된 사건을 언어로 표현해 놓은 고정된 기술 행위가 있다. 그러므로 내러티브 문장을 이해하기 위해서는 먼저 경험된 사건을 이해해야 한다. 다시 말하면, 성경을 읽을 때 가장 중요한 것은 먼저 성경에 기록된 사건의 내용을 정확하게 이해하는 것이다.

이것은 어떤 해석이나 설명보다도 중요하다. 그다음에 왜 그런 단어를 사용하였으며, 왜 그런 문장으로 표현해야 했는가를 이해해야 한다. 이처럼 내러티브가 겉으로 나타난 내용을 외면적 의미라 하고, 그 안에 내포된 의미를 함축적 의미라고 한다면, 내러티브에서는 함축적 의미가 외면적 의미보다 훨씬 더 중요하다.

내러티브 문장은 표면의 이야기 속에 또 다른 의미의 이야기가 있다고 했다. 두 개의 이야기가 동시에 한 문장 안에 흐르는 셈이다. 그러므로 성경을 단순하게 읽어서는 안 된다. 위에서 강조했던 것처럼 성경은 언젠가 일어났던 경험(역사)을 내러티브란 방법으로 기록한 책이기 때문에 그 경험을 반드시 정확하게 읽어내야 하고, 동시에 위에서 제시한 내면의 이야기를 읽으려고 노력해야 한다.

이런 내면의 이야기는 노력 없이는 절대로 보이지 않는다. 내면의 이야기까지 읽어내야만 성경이 비로소 재미있는 책으로 바뀌게 되고, 감동적인 책으로 변하게 될 것이다. 그럼으로써 성경을 사랑하게 되고 즐거워하게 될 것이다(시 1:2).

고난받고 있는 예수님을 베드로가 부인한 이야기는 단지 베드로가 예수님을 세 번이나 부인했다고 독자들에게 알리려고 하는 기사만은 아닐 것이다. 베드로를 나쁜 인간으로 몰아가려고 그런 기사를 쓴 것도 아니다. 그런 이유라면 베드로가 세 번 예수님을 부인했고, 주께서 말씀하신 대로 닭이 세 번 울 때 베드로가 밖에 나가서 회개하고 울었다고만 전하면 충분할 것이다. 그러나 그 기록 내용을 자세히 살펴보면 그런 기대 이상의 글이란 점을 알게 될 것이다.

복음서 저자들은 대제사장 가야바의 법정에서 재판을 받으시던 정황을 의미 있게 전하고 있다. 베드로는 안뜰 아래쪽에서 불을 쬐고 있었다(막 14:66). 안뜰이란 표현은 그곳에 바깥뜰이 있다는 것을 전제하는 말이다. 또 아래쪽이란 말은 위쪽을 전제하는 말이다. 그렇다면 위쪽에는 누가 있을까? 예수님께서 재판을 받으시면서 온갖 수모를 다 당하고 계셨다.

그곳에서 베드로는 불을 쬐고 있었다. 그래서 하녀가 그를 잘 알아볼 수 있었다. 이 말은 재판을 받고 계시던 주님도 베드로를 분명하게 보고 계셨고, 그의 말을 다 듣고 계셨다는 의미를 내포하고 있다. 그런 상황에서, 즉 예수님께서 자기를 바라보고 계시는 앞에서 베드로는 자기 스승인 예수님을 부인했다는 말이다. 그것도 세 번째는 "베드로가 저주하며 맹세하되 나는 너희가 말하는 이 사람을 알지 못하노라"(막 14:71)고 한 것이다. 이 사람을 알지 못한다는 것이다. 아주 가까이서 예수님을 가리키면서 말했는지도 모른다. 주님이 보는 앞에서 말이다.

복음서는 베드로가 예수님을 부인한 것은 단순한 부인이 아니라 잔인할 정도임을 보여주고 있다. 복음서는 왜 이처럼 베드로를 파렴치한 인간, 도저히 용서받을 수 없는 인간으로 그리고 있을까? 두 가지 이유를 생각할 수 있다.

첫째는 베드로가 예수님을 부인했던 이유를 밝히려고 한다. 마가복음에서는 가이사랴 빌립보 사건 이후에 줄기차게 예수님의 죽으심을 끝까지 반대하고 저지하려는 것으로 그리고 있다. 왜 그랬을까? 예수님을 사랑했기 때문일까? 아니다. 자기들의 출세를 위하여 예수님께서 왕이 되셔야 했기 때문이다. 베드로와 제자들은 예수님을 투자 가치로 생각하였기 때문이다.

둘째, 베드로의 부인 사건을 이처럼 신랄하게 기록한 이유는 베드로의 패륜아적인 행위를 부각시키려는 것보다는 반대로 그들을 향한 예수님의 사랑을 부각시키려는 의도였을 것이다.

간단히 말하면, 베드로의 회개는 자신의 작품이 아니다. 베드로를 끝까지 버리지 않으시고, 그를 회개시킨 과정을 보여줌으로써 끝까지 사랑하시는 주님의 사랑을 보여주기 위해서다. 예수님은 베드로에게 미리 경고하셨다. 그리고 가야바 법정의 새벽에 닭 울음 소리를 사용하셨다.

누가복음 22장 61-62절을 보면, "주께서 돌이켜 베드로를 보시니 베드로가 주의 말씀 곧 오늘 닭 울기 전에 네가 세 번 나를 부인하리라 하심이 생각나서 밖에 나가서 심히 통곡하니라"고 기록하였다. 예수님의 눈빛이 주의 말씀을 생각나게 했고, 그래서 바깥에 나가서 울었다는 것이다. 끝까지 그를 사랑하시므로 그를 뉘우치게 하고 새 사람으로 일하게 하신 그 사랑, 복음서는 그 사랑을 보여주려는 것이다.

요한복음 21장에서는 마지막으로 주께서 베드로와 그 동료들을 찾아가셨고, 사랑의 문답을 하신 후에 사도로 세우시는 임직식을 보여준다. 그 사랑 때문에 오늘 우리에게도 희망이 있는 것이다.

성경에서 거리나 시간은 또 다른 의미를 던져준다. 엠마오의 이야기를 좀 더 하자(눅 24:13-35). 부활의 날에 소식을 듣고도 엠마오로 내려가던 이야기에서 누가는 11km(60스타디아)라고 밝히고 있다. 누가가 독자들에게 예루살렘에서 엠마오까지 거리를 알려주고 싶어서였을까? 이 거리를 놓고 사람들은 11km가 사실인가, 누가가 잘못 기록한 것은 아닌가 등등 많은 말들을 한다. 누가가 전하려고 하는 의미를 모르기 때문이다.

누가가 그 거리를 11km라고 밝히는 이유는 그 거리로 두 사람이 만난 부활의 감격이 얼마나 큰가를 말하려고 한 것이다. 부활의 감격이 얼마나 놀라웠으면 평상시에는 엄두도 낼 수 없는 길을 다시 갔는가 하는 점을 보여주려는 것이다.

결과적으로 성경 읽기의 목적은 하나님을 만나는 일이다. 이야기로서 성경은 하나님이 어떤 분이신가를 보여줄 뿐 아니라, 하나님을 경험하도록 도와준다. '돌아온 아들의 비유' 는 얼마나 재미있는 이야기인가? 나는 지금도 이 이야기를 생각하면 눈물이 난다. 내용은 간단하다. 우리는 이 이야기를 읽으면서 아버지께로 가는 아들이 대견해 보일 것이다. 그리고 아버지를 만나는 장면에서 감동을 받을 것이다. 주님은 이 비유를 그것만을 보여주려고 들려주신 것일까? 소위 탕자만 크게 보이고 아버지는 그저 그늘 속에 숨겨져 있는 분으로 보이는가? 그렇다면 당신은 간단한 비유 내용에 속은 것이다.

사실 둘째 아들의 모든 행동의 중심에는 아버지가 존재한다. 아버지에게 유산을 달라고 하는 아들, 그리고 유산을 받아서 흥얼거리며 먼 나라로 가는 아들이 보이는가? 그러나 유산을 달라고 하는 아들의 요구를 받고 고민하던, 그러나 선뜻 유산을 내어준 아버지의 그 따뜻한 마음은 보이지 않는가? 작은아들의 요구를 받고 아버지는 아무 말도 하지 않았다. 그냥 선뜻 자기 재산을 '각각' 나누어주었다. 그러니까 큰아들과 작은아들의 몫을 각각 주었다는 말이다.

우리는 작은아들이 유산을 달라고 요구했던 것이 얼마나 무서운 일인가를 모른 채 비유를 읽는다. 건강하게 살고 있는 아버지에게 아들이 찾아가서 "이제 아버지는 죽은 목숨이니까 우리에게 유산이나 나누어주십시오"하고 요구했다면 아무리 현대에 사는 아버지라 해도 순순히 받아주었을까? 그렇다면 그 당시 사회 풍습으로는 그 일이 얼마나 무서운 일이었을까? 그런데도 이 아버지는 아무 말 없이 순순히 재산을 나누어주었다.

재산을 다 탕진하고 돼지 치는 곳에서 굶주려 죽게 되었을 때, 아들은 아버지를 생각한다. 그러나 아들로 되돌아간다는 것은 상상도 못하고, 그런 아버지라면 품꾼으로는 받아주리라고 생각하고 일어난다. 아들의 말로, 자기는 하늘과 아버지께 죄를 얻었다고 한다. 얼굴이 열 개라도 돌아갈 수 없다는 뜻이다. 그런데 아들이 아니라 품꾼으로 받아줄 것이란 생각은 어디서 나온 것일까? 아버지의 너그러움을 그는 어디서 느꼈기에 품꾼으로는 돌아갈 수 있다고 생각했을까? 재산을 나누어주던 아버지가 그때 그의 마음을 움직인 것은 아닐까?

도저히 찾아갈 수 없는 길을 찾아간다. 품꾼으로라면 맞아줄 것이라고 기대하던 아버지이지만 집이 가까워올수록 발은 천근만근이나 되었을 것이다. 그런데 그때 아버지가 달려와서 그를 받아준다. 아들은 담대하게 길을 오면서 외었던 말을 녹음기 풀어놓듯 할 차례였다. "아버지 내가 하늘과 아버지께 죄를 지었사오니 지금부터는 아버지의 아들이라 일컬음을 감당하지 못하겠나이다 나를 품꾼의 하나로 보소서"(눅 15:18b-19).

그런데 그렇게 하기도 전에 갑자기 아버지의 입술이 아들의 입을 덮친다. 아들은 더 이상 말을 할 수 없게 된다. 여기서 입을 "맞추니"는 오래 입을 맞췄다는 의미다. 돼지 냄새로 가득한 아들의 입을 무엇이 좋다고 오래 맞추고 있었던 것일까?

아버지가 입을 떼자마자 아들은 준비된 말을 한다. "아버지 내가 하늘과 아버지께 죄를 지었사오니 지금부터는 아버지의 아들이라 일컬음을 감당하지 못하겠나이다." 그런데 아직 말이 끝나지 않았다. "나를 품꾼의 하나로 보소서 하리라"고 할 차례다. 그때 아버지는 종들에게 큰 소리로 "이 내 아들은 죽었다가 다시 살아났으며, 내가 잃었다가 다시 얻었노라"(눅 15:24)고 한다. '내 아들' 이라고 한다. 품꾼이란 말이 나오기 전에 아버지가 한 말이다. 돌아온 아들을 다시 아들로 만들어주신 분도 아버지시다. 돌아온 아들의 이야기는 아버지가 중심에 있다. 탕자가 아니다.

돌아온 아들의 비유는 예수께서 세리와 죄인들이 말씀을 들으러 가까이 오자, 바리새인과 서기관들이 수군거리며 "이 사람이 죄인을 영접하고 음식을 같이 먹는다"고 한 말에 이어서 그들에게 주신 말씀이다. 돌아온 것을 강조한 것이 아니라, 돌아오게 만드시는 아버지 하나님을 강조하는 말씀이다.

성경은 하나님을 보여주시려고 기록한 책이다. 하나님이 어떤 분이시며, 그분을 어떻게 섬겨야 하고, 그분과 함께 어떻게 살아야 하는가를 보여주기 위하여 기록한 책이다. 이런 면은 이야기로 쓰여진 성경을 섬세하게 느끼며 읽을 때 볼 수 있는 내용이다. 그러므로 성경에 나오는 인간의 책임과 윤리는 단순한 윤리와 도덕을 강요하는 게 아니다.

하나님이 그런 분이시기 때문에, 또 그런 분의 사랑을 받으며 택함을 받았기 때문에 마땅히 그렇게 살아야 한다는 것을 강조하는 것이다. 이런 의미에서 세상 어떤 종교와도 다르고, 세상의 어떤 윤리와도 다르다. 성경은 왕의 자녀들이 지켜야 할 예의를 말하는 것이지 결코 상을 받기 위해서 열심히 살아야 하는 얄팍한 속임수 같은 것이 아니다.

내러티브 성경 읽기__예문④

마태복음 6장 25-30절

아마도 그 시기는 봄날, 씨 뿌리는 절기였던 것으로 보인다. 공중의 새들이 날아다니는 모습이나, 들에 백합화가 피어 있는 모습이 그걸 암시한다. 예수님은 보물을 하늘에 쌓아두라고 말씀하시고, 한 사람이 두 주인을 섬기지 못한다고 하시다가 갑자기 설교의 주제를 바꾸신다.

"그러므로 내가 너희에게 이르노니 목숨을 위하여 무엇을 먹을까 무엇을 마실까 몸을 위하여 무엇을 입을까 염려하지 말라 목숨이 음식보다 중하지 아니하며 몸이 의복보다 중하지 아니하냐(마 6:25).

설교의 실례는 공중에 나는 새와 들의 백합화가 된다. 아마 씨 뿌리는 계절이어서 공중의 새들이 분주하게 날아다녔을 것 같다. 주님은 공중의 새들은 염려하지 아니한다고 하신다. 새들이 곡식을 심고, 거두고 타작을 해서 곳간에 모아들이지 아니하는데도 하늘 아버지께서 길러주시지 않느냐고 하신다. 너희들이 새보다 못하냐고 반문하신다. 백합화도 저의 입을 것을 염려하지 않는다고 하신다. 오늘 있다가 내일 아궁이에 던져지는 들풀도 하나님이 이렇게 입히시거든 하물며 너희일까 보냐? 믿음이 작은 자들이라고 하신다.

가난하여 하루 끼니를 걱정하는 사람들에게 정말 위로가 되는 말씀이다. 그런데 먹고 마시고 입을 것에 대해 염려하는 사람들을 믿음이 작은 자들이라고 책망하시는 이유는 무엇인가? 이런 염려는 아비가 없는 자식들이나 하는 일이라고 하시는 이유가 무엇인가?

설교의 전개는 '하물며'(마 6:30)에서 '그러므로'(마 6:31)로 발전하고, 마침내 '그런즉'(마 6:33)으로 결론에 도달하였다. "그런즉 너희는 먼저 그의 나라와 그의 의를 구하라 그리하면 이 모든 것을 너희에게 더하시리라." 왜 갑자기 염려하지 말라는 내용에서 그 나라와 그 의를 구하라로 바뀌었을까? 이 설교의 흐름을 보면, 보물을 하늘에 쌓아두라고 하시고, 염려 말라고 하시고, 그 나라와 그 의를 구하라는 내용이다.

이 내용은 '하물며'에서부터 전개되던 내용이 반전되면서 비약하기 시작하였다. 그러므로 이 설교는 염려하지 말라는 말씀을 하시려는 데 목적이 있는 게 아니라, 새들이나 백합화 같은 것들도 염려하지 않는 것에 대해서는 염려하지 말고 정말 사람으로 염려해야 할 일을 염려하라고 강조하는 말씀이다. 인간답게 살기 위하여 염려할 내용이 33절의 '그 나라와 그 의를 구하는 일'이다.

이것은 예수님께서 그 당시 인생고에 시달려 염려와 근심 속에 살아가던 갈릴리 사람들에게 인간 삶의 우선순위(priority)를 제시하신 말씀이다. 염려하는 일은 하나님께 맡기라고 하셨다. 그리고 우리는 하나님의 사람답게 살기 위해 염려하고 노력하라고 하셨다. 그러면 우리가 그동안 염려했던 것들은 하나님께서 주신다고 하셨다.

현대에 사는 우리도 갈릴리 사람들과 별반 다를 게 없을 것이다. 오늘도 하나님 안에서 행복하게 살 수 있는 비결은, 염려하지 말아야 할 것은 염려하지 말고, 하나님의 사람답게 살기 위하여 힘써야 한다는 것이다.

그렇다면 현실이 암담한데, 어떻게 먹고 마시고 입고 사는 일에 염려하지 않을 수 있겠습니까라고 묻는 사람을 의식하셨던지 마지막 말씀을 던지신다. "그러므로 내일 일을 위하여 염려하지 말라 내일 일은 내일이 염려할 것이요 한 날의 괴로움은 그 날로 족하니라"(마 6:34). 내일은 내일로 하여금 염려하게 하라고 하셨다. 내일은 없는 것이다. 우리 앞에는 항상 오늘만 존재하기 때문이다.

내러티브 성경 읽기__예문 ❺

무조건 강청하는 기도를 하라고?(눅 18:1-14)

예수님이 한 과부의 이야기를 들려주셨다. 어느 도시에 불의한 재판관이 살고 있었다. 그는 하나님도 두려워하지 않고 사람도 두려워하지 않는 사람이었다. 그 도시에 역시 한 과부가 살고 있었다. 그녀는 억울한 일을 당하여 재판장을 계속해서 찾아와서 "내 적대자에게서 내 권리를 찾아주십시오"(새번역)라고 졸랐다. 그렇지만 재판관은 이 여인의 청을 계속해서 거절했다.

그러던 어느 날 재판관은 "내가 정말 하나님도 두려워하지 않고, 사람도 존중하지 않지만, 이 과부가 나를 이렇게 귀찮게 하니 그의 권리를 찾아주어야 하겠다. 그렇게 하지 않으면, 그가 자꾸만 찾아와서 나를 못 견디게 할 것이다"라고 말하면서 그녀의 청을 들어주었다. 이 비유를 통하여 예수님은, 믿는 자들에게 기도에 대해 무엇을 가르쳐주려고 하신 것일까? 과부의 태도인가? 재판관의 태도인가? 내러티브에서는 예수님의 말씀이 인물의 행동보다 더 중요하다.

예수님의 비유를 바르게 해석하는 방법은 그 비유에서 예수님이 말씀하시려고 하는 관점(觀點)을 파악하는 것이다. 그렇다면 이 비유의 초점은 무엇인가? 예수님은 이 비유를 통하여 무엇을 보여주려고 하신 것인가? 이 비유의 초점은 엉뚱하게도 6절에 있다. "불의한 재판장이 말한 것을 들으라." 우리는 주님이 귀담아 들어야 한다고 하신 내용을 들어야 한다.

"(하나님도 사람도 두려워하지 않는 재판관)이 과부가 나를 이렇게 귀찮게 하니 그의 권리를 찾아주어야 하겠다. 그렇게 하지 않으면, 그가 자꾸만 찾아와서 나를 못 견디게 할 것이다."

그리고 5절에 대한 예수님의 해석이 곧이어 7절에 나온다.

"하나님께서 자기에게 밤낮으로 부르짖는, 택하신 백성의 권리를 찾아주시지 않으시고, 모른 체하고 오래 그들을 내버려두시겠느냐?"

5절과 7절에서, 위에 밑줄 친 부분을 비교해 보자.

첫 번째는 주어(主語)가 '불의한 재판관에서 하나님으로' 바뀐다. "이렇게 귀찮게 하니"가 "밤낮으로 부르짖는"으로 바뀐다. 여기도 특별히 과부가 귀찮게 하는 태도와 택한 백성이 부르짖는 태도가 전혀 다르다. 부르짖는 태도는 자기들의 고통을 하나님께 절박하게 아뢰는 자세를 말한다. 그리고 '과부'의 권리에서 '택하신 백성'의 권리로 바뀐다. 과부는 부르짖을 권리가 없다. 단지 억울하고 막막하기 때문에 떼를 쓴 것이다. 그러나 택하신 백성(자녀들)은 어려울 때 아버지에게 부르짖는 것이 마땅하다. 마지막은 '나를 못 견디게 할 것이다'가 '오래 그들을 내버려두시겠느냐'로 바뀐다. 이렇게 보면, 이 비유는 7절에서 반전(反轉)이 이루어진다.

7절에서 반전을 이룬 비유는, 기도를 불의한 재판관에게서 배우지 말고 하나님에게서 배우라는 말이다. 불의한 재판관의 태도에서 배우라는 말이 아니라, 그와 대조되는 우리의 기도를 듣기 원하시는 하나님을 바라보라는 것이다. 재판관은 아무도 두려워하지 않는 불의한 사람이다. 이 과부를 억울하게 한 사람들과 같은 종류의 사람이라는 말이다. 재판관은 과부의 청을 귀찮게 여기는 사람이다.

그러나 본문에서는 기도하는 사람들을 '택하신 백성'이라고 부른다. 하나님은 택하신 백성들을 사랑하시는 분이시다. 자녀들에게서 늘 듣기를 원하시고, 문제를 해결해 주시기를 기뻐하는 하나님이시다. 마지막에 '나를 못 견디게 할 것이다'의 표현은 과부의 청을 들어주는 이유가 재판관 자신 때문이란다. 그러나 하나님께서 기도를 응답해 주시는 이유는 그 부르짖는 자녀들의 아픔 때문이란 말이다. 그래서 그들을 오래 내버려두지 않겠다고 하신다.

우리는 주님이 보라고 하신 면은 보지 않고, 재판관의 자세와 과부의 행동만 본 것은 아닌지? 그동안 우리는 재판관과 과부의 모습에서 기도를 배운 것은 아닌가 하는 생각이 든다. 그래서 기도가 하나님으로부터 무엇을 빼앗아내는 것으로 이해하지는 않았는지, 또 기도가 떼를 쓰는 것이라고 생각하지는 않았는지 돌이켜보게 된다. 이 비유는 하나님을 귀찮게 하라는 말이 아니라, 밤낮 부르짖으라(cry out)고 하셨다. 택하신 자들의 기도를 들어주기를 기뻐하시는 하나님은 오래 기다리지 않고 들어주신다고 하셨다.

또 생각해야 할 한 가지, 이 과부는 자기의 권리(right)를 찾아 달라고 재판관에게 졸라댔다. 예수님도 기도하는 백성들의 권리를 찾아 주신다고 하셨다. 그렇다면 여기서 '권리'는 무엇을 말하는가? 이 본문은 누가복음 17장 20-37절과 연결된 문장이다. 다시 말하면, 이 기도에 대한 비유는 마지막 때와 연결된 말씀이다. 여기서 '권리'란 신자들이 마지막 때 당할 고난과 연결되어 있다. 고난과 어려움을 당할 때, 그것을 놓고 하나님께 기도하라는 말이다. 그리하면 하나님께서 그 권리를 찾아주신다는 말씀이다.

기도해야 한다. 쉬지 말고 항상 기도해야 한다. 그러나 크리스천들이 밤낮으로 기도해야 할 것은 자신들이 믿음을 지키기 위하여, 만약 믿음 때문에 억울한 일을 당하거나 핍박을 받고 있다면 그것을 위해 기도하라는 것이다. 동시에 천국 복음이 전파되기 위해서, 하나님의 의가 이 땅에 이루어지기 위해서, 그리고 지금도 믿음을 지키기 위해서 억압받고 고통받는 택한 사람들을 위하여 기도해야 한다. 이것이 예수님 비유의 진정한 뜻이다.

오늘 우리는 교인들에게 어떤 기도를 가르치는가? 이기적이고, 자기중심적인 기도를 떼를 쓰듯(강청) 기도하라고 가르친다. 이것은 교인들의 마음을 움직이기에 충분하다. 사람들은 자기를 사랑하는 것이라면 물불을 가리지 않는 습성이 있기 때문이다. 그러나 그것을 자극하여 기도의 열심을 내게 한다면 그것은 미신을 섬기는 사람들이 자기들의 이익을 위하여 백일기도나 천일기도를 드리는 마음이나 다를 바가 없지 않을까? 잘못된 기도 이해가 세상 사람들의 눈에 교회가 다른 종교와 다를 바가 없다고 느끼게 만든 건 아닐까?

예수님은 "인자가 올 때에 세상에서 믿음을 보겠느냐"(8절)고 하신다. 바르게 기도하는 교인들을 보겠느냐는 말이기도 하다.

내러티브 성경 읽기_예문 ❻

다니엘 1장 1-21절

다니엘 1장을 생각해 보자. 바벨론 궁궐에 들어간 것은 다니엘에게 굉장한 행운이다. 보통 사람 같으면 그 행운을 붙들고 놓치려 하지 않을 입장이다. 다니엘이 노예로 끌려간 후 어떤 경로를 밟고 왕궁에 뽑혀 갔는지를 생각하면 그가 왕궁에 들어간 것은 일생일대 최대의 행운이라고 인정하지 않을 수 없을 것이다. 그런데 다니엘은 왕이 내린 음식을 먹지 않겠다고 한다.

그러나 다니엘 1장의 이야기는 그렇게 간단한 이야기가 아니다. 거기엔 다니엘과 그 친구들의 개명(改名)한 이야기가 나온다. 어느 나라 사람에게든 그 이름이 소중하지만 히브리인들에게 이름은 생명과 같은 것이다. 더욱이 다니엘, 하나냐, 미사엘, 아사랴란 이름은 그들의 신분을 나타낼 뿐 아니라, 하나님과 관계된 이름이기도 하다. '엘'은 엘로힘(하나님)이란 이름의 첫 자이고, '야'는 야훼 하나님의 첫 글자이기 때문에 하나님을 자기 생명보다 더 귀하다고 생각하는 사람들에게 개명은 결코 허락할 수 없는 일이다. 더욱이 그들에게 붙여준 이름이 바벨론 신들의 이름과 관계된 것이라면 더더욱 그렇다.

그런데 이들은 하나님의 이름이 포함된 이름을 개명하는 일에는 아무런 반대나 항의가 없었다. 그런데 왜 유독 왕이 내린 음식만을 먹지 않겠다고 한 것일까?

다니엘서는 다니엘과 그 세 친구들이 왕이 내린 음식을 먹지 않기 위하여 어떻게 노력했는가를 자세하게 기록해 놓았다. 처음에는 환관장에게 갔다. "왕의 음식과 그가 마시는 포도주로 자기를 더럽히지 아니하리라 하고 자기를 더럽히지 아니하도록 환관장에게 구하니"(단 1:8). "왕이 먹는 음식과 왕이 마시는 포도주로 자기를 더럽히지 아니하리라"고 했다면, 왕은 더러운 사람이란 말인가? 환관장에게 깨끗이 거절당했다.

10절에 전하는 환관장의 말에는 무서운 가시가 돋쳐 있다. 네 사람이 왕의 음식을 먹지 않은 것이 왕에게 알려지는 날엔 환관장의 목이 달아난다고 했다. 그렇다면 네 사람의 목은 남아 있을 수 있었을까? 그래도 다니엘과 친구들은 자기들의 뜻을 굽히지 않고 연구한 끝에 이제는 환관장 밑의 감독자를 찾아간다.

처음에는 조건도 없이 음식과 포도주를 먹지 않겠다고 했다. 그러나 이제는 10일 동안 시험해 보라고 한다. 그래서 만약 자기들의 얼굴이 나빠지면 당신이 하라는 대로 하겠다고 한다. 열흘쯤이야 하고 감독은 허락을 한다. 과연 열흘을 시험해 보라고 하는 그들의 마음에는 어떤 신념이 있었을까?

또 한 가지 중요한 점은 3, 4절과 6절에 나타난다. 처음엔 이스라엘 귀족 가운데 몸에 흠이 없고, 용모가 잘생기고 모든 일을 지혜롭게 처리하는 사람들을 뽑아왔다고 한다(단 1:3, 4). 6절을 보면, 그들 가운데 유대인 다니엘, 하나냐, 미사엘과 아사랴가 있었다. 그렇다면 다니엘과 세 친구들 외에 바벨론 궁궐에 들어온 이스라엘 귀족들이 또 있었다는 말인가? 혹 다른 사람들이 또 있었다면 그들은 순순히 왕이 내린 음식과 포도주를 먹었다는 말인가?

지금까지 읽어본 대로 다니엘서 1장의 내용은 음식을 먹지 않아서 하나님의 은총을 입었다는 내용만 전하는 게 아니라, 거기에 따르는 무수한 내용을 함께 전하고 있다는 것을 알 수 있다. 그들은 왕이 내린 음식이나 포도주 정도를 먹지 않겠다고 만용을 부린 것이 아니다. 그 일은 생명을 내건 결단이었다. 어떻게 보면 행복할 수 있는 조건을 차버리고, 죽음을 선택한 결단이 된다.

보통 사람들에게 그런 결단이 쉽겠는가를 생각하게 한다. 또 그들은 자기들의 결단을 성취시키기 위해 얼마나 연구하고(기도하고) 모험을 걸었는가를 보여준다. 이렇게 보면 10일간의 시험 후에 받은 하나님의 은혜는 음식과 포도주를 안 먹었기 때문에 간단하게 얻은 결과가 아니다.

다니엘과 세 친구들이 결단한 것은 음식으로 표현되었지만 그들은 하나님을 선택할 것인가, 아니면 바벨론 왕을 선택할 것인가를 놓고 죽음의 골짜기에서 처절한 싸움을 벌인 것이다. 다니엘과 세 친구의 이야기는 생각하면 할수록 많은 신앙의 교훈을 준다.

다니엘의 이야기에서 '당신들도 다니엘과 그 친구들처럼 고기도 먹지 말고 포도주도 마시지 말라'고 강요하는 내용은 찾아볼 수 없다. 마치 남 말하듯이 다니엘과 세 친구의 이야기를 들려줄 뿐이다. 이유를 분명히 이해하지 못한 채 다니엘처럼 그대로 따라한다고 한들 하나님의 은총을 받지는 못할 것이다. 이런 성경을 이해하지 못한다면, 우리는 스테레오판(stereotype) 신앙인이 된다. 여호수아의 여리고 작전을 한다고 다른 종교 울타리를 도는 어리석음을 범하는 것도 바로 그런 무지에서 나온 것이다.

미국의 어느 방송 설교자는 "꿈을 키우라"는 설교에서 어느 교인이 한번은 호텔을 갔다가 갑자기 호텔처럼 근사한 건물 속에 살고 싶어졌다고 한다. 그래서 그는 호텔 앞 정원에 앉아서 호텔의 겉모습과 아름답고 호화로운 내장들을 머리에 그리기 시작했다. 그리고 항상 그 그림을 생각하며 살았더니 그 꿈이 이루어졌다고 했다. 아마 이 설교자의 말을 그대로 실천한다면 호텔 앞마다 크리스천들로 가득 차게 될 것이다. 나는 이 설교를 들으면서 이건 기독교의 설교가 아니라고 느꼈다.

03

이야기와 상황

Story and its Situation

외국인에게 우리 고전소설인 《춘향전》을 들려주면 그들이 이해할 수 있을까? 더군다나 내용 중에 내가 좋아하는 몇 문장만을 뽑아서 들려준다면 그들이 이해할 수 있을까? 정말 무슨 방언을 하는지 어리둥절할 것이다. 외국인에게 《춘향전》은 의문투성이일 것이고, 도대체 이런 책을 왜 한국인들이 좋아하는지, 도리어 우리를 이상한 민족이라고 생각하게 될 것이다.

《춘향전》을 읽는 우리와 외국인의 차이는, 우리는 같은 문화 안에서 《춘향전》을 읽는 것이고, 외국인들은 다른 문화권에서 읽는다는 것뿐이다. 《춘향전》에 나오는 '사또', '방자', '기생' 그리고 '춘향이'와 '이도령' 등에는 우리 민족의 깊은 이야기가 담겨져 있다. 그래서 우리에겐 이런 단어 하나도 이야기로 들린다. 그러나 외국인들에게는 이런 말들이 하나의 점(點)으로 들릴 것이다. 이런 문화를 이해하지 못하고 어떻게 춘향전을 이해할 수 있겠는가? 이런 문화를 상황이라고 말할 수 있을 것이다.

모든 이야기 안에는 인간의 삶이 배어 있다. 이야기 안에는 인물이 행동하고 있는 상황이 있다는 말이다. 성경이 이야기라면 상황 없이 주어진 말씀이 성경에는 한 곳도 없다는 말이다. 성경은 대부분 이미 일어났던 사건의 기록이고, 또 앞으로 일어날 사건들의 기록이다. 즉 성경은 상황이 먼저 있었고, 그다음에 쓰여진 책이기 때문에 상황을 생각하지 않고 성경을 읽는다는 것은 무대 없이 연극을 보는 것과 같다.

가. 시간과 공간

히브리 내러티브에서는 사건을 시간과 공간 속에 던진다. 히브리인들은 어떤 내용을 전달할 때 단언적이거나 명제적인 방법을 사용하기보다는 그 사건이 생생하게 살아 움직일 수 있는 이야기로써 전하는 것을 좋아한다. 히브리적 방법은 단순하게 사실을 객관적으로 서술하지는 않는다. 그래서 성경에는 어떤 명제적인 명구나 정의(定義)가 없다. 성경에는 그처럼 많이 사용된 '믿음'에 대해서도 정의해 놓은 곳이 없다. '의'와 '구원'에 대해서도 마찬가지다.

믿음으로 의롭게 된다는 말은 창세기 15장 6절에 처음 나타난다. "아브람이 여호와를 믿으니 여호와께서 이를 그의 의로 여기시고." 하지만 믿었다는 것은 무엇을 믿었다는 말인지, 의로 여겼다는 것은 무슨 뜻인지 아무런 해석이 없다. 창세기 15장 1-5절의 내용을 읽어야 아브람이 무엇을 믿은 것인지 그 내용이 나온다. 히브리적 방법은 이처럼 의미 있는 개념들을 이야기로 서술해 나가면서 보여준다.

산상설교의 팔복도 단순한 경구(aphorism)처럼 보인다. 상황이 없이 던져진 말들처럼 들린다. "심령이 가난한 자"(마 5:3)라는 말씀도, 애통하는 자나 온유한 자 등도 모두가 추상적인 개념으로 들린다. 그러나 이런 용어들 안에 구체적인 인물이 있고, 그들의 처한 시간과 공간이 있다.

즉 주님은 구체적인 당시 상황을 마음에 두시고 이 말씀을 던지셨다는 말이다. 히브리적 방법은 결코 사실을 객관적으로 서술하지는 않는다. 사건을 이야기로 풀어 나가면서 그 안에서 또 다른 의미를 독자들이 이해하도록 전달할 뿐이다.

소설에 상황이 있기 때문에 독자들이 읽으면서 울기도 하고 웃기도 하듯이 성경의 상황은 그 말씀을 현재 독자들의 상황과 연결시켜 주는 고리 역할을 한다. 상황이 제거되면 성경의 내용은 과거의 이야기로 한정되고 만다. 아울러 현대 크리스천들에게는 아무 관계가 없어 버려야 하는 내용들이 많아질 것이다. 상황이 구체적으로 제시될수록 본문의 내용은 분명해진다.

어려서부터 듣고 자란 말 중에 "여자는 교회에서 잠잠하라"는 말이 지금도 귀에서 쟁쟁하다. 이 말은 디모데전서 2장 8-15절을 근거로 한 말이다. 지금도 이 말씀 때문에 여자는 교회에서 잠잠해야 한다고 주장하는 교단들이 있다고 알고 있다. 여자들이 대통령이 되고, 장관이 되고, 대학 총장이 되는 시대에 교회에서만은 여자가 잠잠해야 할까? 성경말씀이니까 순종해야 한다고 말할 것이다.

그러나 성경인데도 순종하지 않는 교단들도 많아지고 있다. 문제는 무엇일까? 시대가 변했으니 성경도 변해야 한다는 주장 때문일까? 그러나 이것은 디모데서를 쓸 당시 상황을 고려하지 않았기 때문에 일어난 문제라고 생각한다.

디모데서를 쓸 당시 교회 공동체들은 영지주의자들의 위협을 당하고 있었는데, 그 집단에서는 여자들이 주도적이며 선교적으로 공격적인 역할을 했다(참고. 딤전 2:12, 5:13; 딤후 3:6). 그런 여자들이 기독교에 들어왔다고 생각해 보라. 또 그런 영향이 교회 안에 들어와 교회를 어지럽힌다고 생각해 보자. 오늘날인들 그런 자들을 그대로 받아들일 교회가 어디 있겠는가?

야고보서에 나오는 말씀을 생각해 보자.

> 들으라 너희 중에 말하기를 오늘이나 내일이나 우리가 어떤 도시에 가서 거기서 일 년을 머물며 장사하여 이익을 보리라 하는 자들아 내일 일을 너희가 알지 못하는도다 너희 생명이 무엇이냐 너희는 잠깐 보이다가 없어지는 안개니라(약 4:13-14).

이 말을 언뜻 들으면 우리 생명이 안개보다도 짧은 것이니 도시에 가서 장사하지 말라는 이야기처럼 들린다. 그렇다면 현대 사회의 정황과는 너무도 어울리지 않는 말씀이 된다. 왜 그처럼 이해될까? 본문의 상황을 무시하고 읽었기 때문이다. 이 교회에 출석하는 교인들

중에 어떤 일이 일어나고 있다.

아마도 장사하러 가는 것을 책망하는 것으로 보아 도시로 나가서 장사하려는 사람들의 의도가 좋지 않다는 것을 알 수 있다. 그렇기 때문에 주의 뜻대로 한다고 하면서 너희들 뜻대로 하느냐고 야고보는 책망하고 있는 것이다(약 4:15). 이렇게 보면 도시에 장사하러 가는 사람들은 일 년이란 세월을 도피도 할 겸 돈도 벌 겸 가는 것으로 생각된다. 그것을 책망하는 것이지 도시에 장사하러 가는 행위 자체를 책망하는 내용은 아니다.

상황이 없는 교리책이나 조직신학 같은 책을 읽으면서 울고 웃는 사람은 없다. 거기에는 상황이 존재하지 않기 때문이다. 울고 웃는다는 말은 곧 우리가 성경을 읽어가는데, 후에는 성경이 나를 읽어간다는 것을 보여주는 것이다.

성경은 과거에 있었던 역사적 사건을 근거로 기록한 책이다. 그렇다면 반드시 그 당시 상황이 있을 것이다. 이 상황은 겉으로 드러나 있지 않고 내면에 숨겨져 있다. 그러므로 성경을 읽을 때는 내면에 숨겨져 있는 상황을 찾아서 본문을 읽어야 한다. 상황과 의미는 어느 시대에도 동일한 진리의 말씀이 된다. 상황이 없는 의미는 돛대 없는 배와 같이 정처 없이 흘러가게 될 것이다.

1) 지리적 상황

이야기에는 그 내용의 배경이 되는 지리적, 문화적 상황이 들어 있다. 성경의 문화 속에서 살고 있는 히브리 민족은 성경을 읽을 때 자기들의 상황에서 해석 없이 읽을 수 있지만 그 상황과 전혀 다른 배경에서 자란 우리는 배경에 대한 이해 없이 그 의미를 밝히 알기는 어렵다. 성경의 배경을 이해하면서 읽어야만 제 맛을 알 수 있는 것이다.

엠마오는 예루살렘으로부터 11km(60스타디아스)라고 한다. 그 길이 얼마나 험한가를 살펴보아야 한다. 그리고 예루살렘에서 엠마오로 가는 길과 다시 돌아오는 길이 어떻게 다른가도 알아두면 본문을 더 실감 있게 읽을 수 있다. 두 제자가 주님의 부활 소식을 듣고도 믿지 못해 자기 마을로 내려간다. 길에서 주께서 그들에게 나타나셔서 성경을 풀어주어도 아무것도 알지 못한다. 그러다가 엠마오에 다다라서 집에 들어가 떡을 떼실 때, 그들의 눈이 밝아져 부활한 예수님을 알아보고 곧 일어나서 예루살렘으로 돌아간다. 무엇을 느끼는가? 아하! 그래서 그들이 부활하신 예수님을 믿게 되었구나 하는 사실인가?

누가가 전하는 엠마오 내러티브를 이해하기 위해서는 엠마오에서 예루살렘으로 돌아가는 길이 어떤 상황인가를 알아야 한다. 어두운 저녁인데도 일반 사람들이 그 길을 갈 수 있는지도 알아야 한다. 성경 저자들이 거리를 밝히는 예는 거의 없다. 그런데 유독 누가만은 11km라고 밝히고 있다. 그 이유가 있다.

유대 나라의 길은 모두가 산지(山地)이다. 그러므로 11km라고 하지만 실제 거리는 그 이상이라고 생각해야 한다. 예루살렘은 해발 900m가 되는 높은 산지에 위치해 있다. 정확하게 알려지지 않았지만 엠마오가 예루살렘 서쪽으로 내려가는 쉐펠라(Shephelah) 지역에 위치해 있다면 해발 300-400m가 되는 지역이다. 그런 길을 하루 종일 두 사람은 걸어갔다. 그것도 태양이 이글거리는 길을 말이다. 아마도 그들은 녹초가 되었을 것이다.

그런데 부활하신 주님을 만난 그들은 예루살렘으로 되돌아갔다. 되돌아가는 길은 500-600m의 산을 오르는 길이기에 더욱 힘들고 고달프다. 그것도 밤중에 간다는 것은 그 당시 상황으로는 말이 되지 않는다. 그런데 그들이 그 피곤한 몸으로 다시 갔다. 저자는 이것을 통하여 독자들에게 무엇을 말하려는 것일까?

그 힘들고 불가능한 길을 가게 한 것은 부활의 감격이었다는 것을 말하려고 하는 것이다. 바꾸어 말하면, 그 길을 가는 것을 통하여 부활의 감격이 얼마나 컸는가를 암시해 주는 것이다. 이처럼 지도를 펴놓고 지형을 살펴가면서 읽는다면 훨씬 실감나게 성경을 읽을 수 있을 것이다.

구약에서는 '아침 이슬' 이 자주 언급된다. "새벽 이슬 같은 주의 청년들이 주께 나오는도다"(시 110:3). "헐몬의 이슬이 시온의 산들에 내림 같도다 거기서 여호와께서 복을 명령하셨나니 곧 영생이로다"(시 133:3). 우리에게도 이슬은 매우 익숙하다. 그러나 이스라엘 땅에 내리는 이슬과 우리 땅에 내리는 이슬은 엄연히 다르다. 이스라엘에서 아침 이슬이 어떤 것인지는 그곳에서 새벽에 일어나 밤새 내린 이슬을 보아야 한다.

내가 이스라엘을 방문하고 귀국하는 시간이 새벽이어서 택시를 타고 텔아비브 공항으로 나간 적이 있었다. 그때 눈에 들어온 것이 아침 이슬이었다. 모든 나무와 풀 위에 마치 비처럼 이슬이 내려 있었다. 그때야 비로소 비가 오지 않는 예루살렘에서 나무들이 자랄 수 있는 이유를 알게 되었고, 이스라엘에서 이슬은 어떤 의미인가를 알게 되었다.

갈릴리 지형을 잘 알지 못한다면 예수님의 비유 가운데 씨 뿌리는 비유를 우리는 잘 이해하지 못할 것이다. 돌짝밭, 가시떨기밭에 씨를 뿌리는 사람을 우리 환경에서는 이해할 수 없기 때문이다.

2) 문화적 상황

성경은 이스라엘의 종교적 문화란 옷을 입고 있다. 그곳을 중심으로 발전되어왔기 때문이다. 예수님께서도 그곳에서 사셨기 때문에 유대의 옷을 입고 사셨다. 그러므로 성경이 입고 있는 옷을 벗겨내어야 비로소 그 속에 들어 있는 진정한 진리를 알 수 있게 된다.

구약은 말할 것도 없고, 신약성경까지 이스라엘의 문화적 옷을 입고 있다. 복음서를 생각 없이 읽으면 예수님의 생애는 기적이나 이적들을 베풀고, 병자들을 고쳐주시며 사신 평범한 삶으로 비칠 것이다. 그러나 유대 문화적 배경을 이해하면서 읽는다면 예수님의 생애는 누구도 흉내낼 수 없는 놀라운 삶이란 사실을 피부로 느끼게 된다.

복음서를 이해하려면 유대 정결법을 이해해야 하고, 유대인들이 말하는 율법이 무엇인가를 이해해야 한다. 나병환자가 예수께 나오고 그에게 손을 대며 고쳐주신 사건도(마 8:1-4; 막 1:40-45), 세리인 레위를 제자로 부르시고, 그 집에 들어가 식사를 함께하신 것도(마 9:9-13; 막 2:13-17) 모두 정결법에 비추어서 이해해야 한다. 왜 바리새인들은 예수께서 세리와 함께 식사하는 것에 대하여, 삭개오 집으로 들어간 것에 대하여 분노하였는가? 왜 유대 종교지도자들은 예수님을 죽이려고 했는가?

정결법에 의하면, 부정한 사람들은 유대 회당에서 쫓겨난 사람들이다. 그 당시 상황에서는 사람 취급을 받지 못하던 이들이다. 이들과 친구가 된다는 것은 곧 유대 사회에서 쫓겨나게 되는 것을 의미한다. 그래서 예수께서 세리 레위 집에 초대받아 '많은 세리와 죄인들' 과 함께 식사를 하고 계실 때, 바리새인들이 "어찌하여 세리 및 죄인들과 함께 먹는가?" 하고 분노한 것은 당대의 문화로는 당연한 일이었다.

본문에서 '세리와 죄인' 이란 말을 두 번이나 반복하고 있는 것은 그들과 함께 식사를 한다는 일이 얼마나 큰 충격적 사건이었는가를 일깨워주기 위해서이다.

마가복음 3장 5-6절을 보면, 안식일에 대한 논쟁 끝에 바리새인들이 나가서 헤롯당과 함께 예수를 어떻게 죽일까를 의논했다고 한다. 우리가 생각하기엔 안식일이 뭐 그리 중요해서 사람을 죽이고 살리는가 하고 물을 것이다. 그러나 유대인들에게 안식일 법은 지켜도 되고, 안 지켜도 되는 그런 하나의 율법이 아니다. 그들에게 안식일은 유대인들의 정체성이다. 안식일을 지키지 않으면 그 사람은 유대인이 아니다. 그런데 그들에게 예수님은 바로 그런 유대인들의 정체성을 파괴하러 온 사람이라고 생각되었다. 그렇다면 그는 제거의 대상이 된다.

예수님께서 들려주신 산상설교에도 당시 문화적 배경이 깊이 배어 있다. 마음이 가난한 자들, 애통하는 자들이란 유대 사회에서 쫓겨난 자들이다. 그래서 사회 일원으로 떳떳하게 살아가지 못하고, 배고프고 춥고 힘들게 살아가는 사람들이다. 회당에도 마음대로 갈 수 없고, 신앙생활도 자유롭게 할 수 없는 사람들이다. 정결법에 의하면, 이들은 부정한 사람들이다.

그런데 예수님은 그런 사람들이 복이 있다고 선언하셨다. 유대 종교에서 추방한 사람들을 예수님은 복되다고 하셨다. 그들이 천국의 주인이라고 하셨으니 얼마나 기가 막힌 말인가?

마가복음에서는 가난한 사람들이 누구인가를 구체적으로 보여주고 있다(막 1:40-45; 2:1-12, 5:1-43, 7:24-30). 회당에서 쫓겨나고 가난에 시달리던 그들이 천국을 받아들이기 훨씬 쉬운 사람들임에는 틀림이 없을 것이다. 이런 사람들과 반대되는 사람들이 마음이 부요한 자들인데, 이들이 바로 유대 종교 지도자들이었다.

초대 그리스도인들이 온 백성에게 복음을 전해야 한다고 하면서도 이방인에게 복음을 전하는 일을 꺼렸던 이유는 무엇일까? 베드로

조차 이방인이었던 고넬료의 집에 가는 것을 얼마나 망설였는가? 성령께서 환상을 보여주시고 말씀하셨기 때문에 할 수 없이 그 집에 갔다. 그러나 베드로는 그곳에 모여 있는 사람들에게 이렇게 말한다. "(나는) 유대인으로서 이방인과 교제하며 가까이하는 것이 위법인 줄은 너희도 알거니와 하나님께서 내게 지시하사 아무도 속되다 하거나 깨끗하지 않다 하지 말라 하시기로 부름을 사양하지 아니하고 왔노라. 묻노니 무슨 일로 나를 불렀느냐?"

그 후에 그는 고넬료 집에 모인 사람들에게 그리스도의 복음을 전하고 성령이 그들에게 임하시는 것을 보고 그들에게 세례를 베푼다. 그것도 자신이 아니라 다른 사람들로 하여금 세례를 주도록 했다(행 10:48). 이 소문이 예루살렘 교회에 들렸고, 예루살렘 교회는 베드로를 심문대에 세웠다.

그런데 이들이 문제 삼았던 것은 그들에게 세례를 주었다는 것이 아니라, 이방인 집에 들어가 함께 먹었다는 점이었다(행 11:3). 그런데 성경은 '이방인' 이라고 말하지 않고 '무할례자' 라고 한다. 무할례자와 함께 먹는 일이 왜 그리 큰 문제인가?

반면 초대 교회는 세례를 받은 자들은 먼저 믿는 자들과 의무적으로 함께 식사를 하였다. 식사를 했다는 것은 무엇을 의미하는가? 그렇다면 다니엘이 바벨론 왕이 내린 음식을 먹지 않겠다고 한 이유는 무엇일까? 나실인의 서약 때문일까? 아니면 우상의 제물을 먹지 않는다는 뜻이었을까? 이 문제는 고린도 교회의 우상 제물에 대한 논쟁에서 다시 재현된다. 고대 사회에서 같이 음식을 먹는다는 것은 무엇을 의미하는가?

3) 본문의 상황

그리스도인들에게 아무 상황 없이 '하나님은 사랑이시다' 라고 던져진 구절이 있느냐고 묻는다면, 누구나 당연하게 요한일서 4장 8절을 암송할 것이다. 그러나 그 문장을 읽어보면, 상황 없이 던져진 말이 아니라 어떤 구체적인 상황 속에 던져진 말인 것을 알 수 있다.

요한일서 4장은 영지주의자들에 대한 경계로부터 시작한다. 영들은 다 믿지 말라고 한다. 또 거짓 예언자들이 세상에 나왔다고 한다(요일 4:1-6). 이들은 당시 기독교에 가장 위협적인 영지주의자들을 말하는 게 틀림이 없다. 그리고 7절은 바로 이들을 경계하라고 한 구절 바로 뒤에 이어져 나오는 구절이다(요일 4:6).

그러므로 "사랑하는 자들아 우리가 서로 사랑하자 사랑은 하나님께 속한 것이니 사랑하는 자마다 하나님으로부터 나서 하나님을 알고 사랑하지 아니하는 자는 하나님을 알지 못하나니 이는 하나님은 사랑이심이라"(요일 4:7-8). 이것은 영지주의자들과 관련해서 주신 말씀이다.

즉 하나님께 속했다고 하면서 사랑하지 않는 사람들이 교회 안과 밖에서 일어난 것이다. 영지주의자들이 주장하는 구원(구속)은 빛의 나라에서 온 하나님의 심부름꾼이 엮어주는 길을 따라 빛의 나라에 들어감으로써 실현된다고 한다.

그들의 구원은 십자가와는 아무런 상관이 없다. 지식에 이른 자(깨달은 자)에게 이미 부활은 일어났다(딤후 2:18)고 믿기도 한다. 이들은 물질을 멸시하고, 현세의 질서에 관심이 없고, 세상에서 져야 할 모든 책임은 회피한다. 자기들은 구약의 율법을 넘어서 있고, 율법은 낮은 영에서 비롯되었다고 주장하면서 윤리적 질서를 일부러 무시하거나 파괴하려는 방종주의로 나갔다. 이들은 사랑을 강조하면서 사랑을 외면하고 사는 자들이요, 반면 방종주의를 지향하는 자들이었다.

'하나님은 사랑이시다' 라는 구절은 바로 그런 사람들에게 선언한 말씀이다. "예수를 하나님의 아들이라 시인하면 하나님이 그의 안에 거하시고 그도 하나님 안에 거하느니라"(요일 4:15). 그 교회 안에는 예수를 하나님의 아들이라고 시인하지 않으면서 자기들이 하나님 안에 있고, 하나님의 사랑을 받고 있다고 주장하는 사람들이 있었다.

그래서 요한은 "누구든지 하나님을 사랑하노라 하고 그 형제를 미워하면 이는 거짓말하는 자니 보는 바 그 형제를 사랑하지 아니하는 자는 보지 못하는 바 하나님을 사랑할 수 없느니라"(요일 4:20)고 못 박았다. 이처럼 하나님은 사랑이시라고 선언한 것은 바로 하나님은 사랑이시기 때문에 서로 사랑해야 한다는 말을 하려고 한 것이다(참고. 요일 4:11-12).

그렇다면 하나님의 사랑은 어떤 사랑인가? '자기 아들을 보내어 우리의 죄를 위하여 화목제물이 되게 하신' 사랑이다(요일 4:10). 하나님의 사랑은 막연한 사랑이 아니라 자기의 독생자를 세상에 보내주셔서 그로 말미암아 우리를 살리려는 사랑이다(요일 4:9). 이런 사랑을 깨닫지 못한다면 그는 누구든지 하나님과 전혀 상관이 없고 하나님을 모르는 자라는 것이다(요일 4:12, 15, 20, 21).

'하나님은 사랑이시다.' 이 말은 틀림없는 진리다. 그러나 이 말씀이 상황 없이 던져진다면 문제는 심각해진다. 그래서 나온 것이 만인구원설이다. 하나님은 사랑이신데, 어떻게 지옥이 존재할 수 있고, 사람들을 지옥에 던져 멸망시킬 수 있겠는가? 그렇다면 그런 하나님은 사랑이 아니라고 할 수 있다는 것이다.

이런 논법으로 시작된 것이 지금 미국 교회들이 고민하는 동성애 문제이다. 하나님은 사랑이시니까 그들을 받아들여야 한다. 그들을 교회에서 받아들인 후에는 그들을 목회할 동성애 목회자를 세워야 한다고 주장하게 된 것이다. 동성애자들을 사랑해야 한다. 그러나 동성애는 성적 범죄 차원을 넘어서 가정을 뿌리부터 파괴하는 것이고, 결국은 사회를 붕괴시키기 때문에 무서운 것이다.

동성연애자들을 교회는 사랑해야 한다. 그러나 동성연애는 하나님께서 사랑하지 않으신다. 죄인은 사랑하시지만 죄를 사랑하지는 않으신다. 결국 사람이 죄를 짓고 살고 있는 한 하나님은 그 사람을 사랑하지 않으신다. 교회들이 상황 없이 단언적으로 성경 구절 하나만을 인용함으로써 이처럼 엄청난 잘못을 저지르게 되는 것이다.

성경 본문에는 두 개의 상황 또는 그 이상의 상황이 존재한다고 했다. 첫째는 구절 안에 있는 상황(inner-textual-setting)이다. '하나님은 사랑이시다' 라는 말과 연결된 앞뒤 구절들이 바로 하나님은 사랑이시라는 말을 해석하도록 돕는 해석의 열쇠를 제공해 준다. 출애굽기 15장 26절에 "나는 너희를 치료하는 여호와임이라"는 말씀이 있다. 병으로 고생하는 분들이 이 말씀을 붙들고 기뻐하며 기도할 것이다. 그러나 문제는 남는다. 이 성경 한 구절을 좋아하는 것과 질병이 낫는 것과는 별개이기 때문이다. 무조건 치료하는 여호와 하나님이라고 믿고 기도한다고 병이 낫겠는가? 문제는 26절 앞에 나오는 내용을 무시하고 그 구절만 읽었기 때문이다.

출애굽기 15장 22-25절에는 마라에서 쓴 물이 단 물로 변한 이야기가 나온다. 이 본문은 하나님의 말씀을 어떻게 순종해야 하는가를 가르쳐준 사건이다. 그리고 이어서 말씀하셨다. "너희가 너희 하나님 나 여호와의 말을 들어 순종하고 내가 보기에 의를 행하며 내 계명에 귀를 기울이며 내 모든 규례를 지키면 내가 애굽 사람에게 내린 모든 질병 중 하나도 너희에게 내리지 아니하리니 나는 너희를 치료하는 여호와임이라"(26절).

치료하는 여호와 하나님을 강조하신 것은 하나님의 말씀을 잘 들어 순종하면 질병을 내리지 않으리라는 말을 강조한 것이다. 그러므로 본문에서는 치료라는 말보다 예방적인 차원에서 그 앞에 나오는 '순종하고', '의를 행하며', '내 계명에 귀를 기울이며, 지키면' 이란 구절이 더 귀하다. 결국 이 말씀은 치료에 중심이 있는 게 아니라, 질병에 걸리지 않게 하시려는 데 강조점이 있다.

이야기 틀(내러티브)로 된 본문을 바르게 파악하기 위해서 독자는 앞뒤의 전체적인 틀과 그 틀 안에서 본문이 차지하고 있는 위치를 살펴보아야 한다. 요한일서 4장 8절에는 요한일서의 배경이 전제되어 있다. 즉 요한일서의 내용은 믿음, 의, 그리고 사랑으로 되어 있다. 요한일서가 이런 내용을 강조하는 이유는 그 당시 이단이었던 영지주의자들이 하나님께서 독생자를 주신 것을 믿기보다는 어떤 지식을 깨달음과 신비를 아는 것이 곧 믿음이라고 떠들어대는 자들이 있었기 때문이고, 또 한편으론 한번 구원을 받으면 어떻게 행동해도 잘못이 아니라는 주장을 펴면서 그리스도인들을 유혹하였기 때문이었다.

성경 모든 구절은 이런 배경과 연결되어서 기록된 것이지 독립적으로 기록된 내용은 없다. 그러므로 언제나 책 전체의 흐름 안에서 특정한 시대적 상황과 관련해서 성경을 읽어야 한다.

4) 본문의 내용 구조

성경 저자들이 성경을 기록하기 위해서는 적어도 네 가지 작업을 거쳤다는 점을 기억해야 한다. 첫째는 자기가 먼저 하나님의 말씀을 들었고, 직접 혹은 간접으로 경험하였고(저자의 상황), 둘째로는 어떤 특정한 상황에 있는 독자들에게 어떻게 전달할 것인가를 고민하였고(독자 상황), 셋째로는 무엇을 어떻게 전달해야 하는가에 대해서도 깊이 고민하였다는 점이다(내용, 전달 방법). 그리고 마지막으로 성령의 영감 안에서 기록했다는 점이다. 성령의 영감이라고 할 때, 그것은 무조건 영감을 주셔서 기록하게 했다는 말이 아니라, 하나님의 말씀을 읽고 잘 이해하여 어떤 내용을 어떻게 전개하고, 어떤 면을 강조해서 전하도록 도우셨다는 것이다.

이런 네 가지 요소가 조합을 이루어낸 것이 우리가 읽는 성경이다. 지금까지 우리는 독자들의 상황과 내용의 전달 문제를 생각해 왔다. 그렇다면 성경을 기록한 기본틀이 있다면 어떤 것들이 있는가를 찾아보자.

먼저 질문을 던지고 싶다. 성경은 믿음에 대하여 가르쳐주는 책인가? 아니면 믿음의 사람들이 하나님 안에 들어와 어떻게 살았는가를 보여주는 책인가? 언뜻 보면 성경은 믿음의 책처럼 보인다. 그러나 사실 성경은 하나님과 어떻게 사는가를 가르쳐주는 책이다.

로마서 5장 1절에서도 보았듯이 믿음은 의에 이르는 한 방편이다. 의란 하나님과 함께 살기 위하여 하나님 나라에 들어가도록 허락된 비자(visa)와 같은 것이다. 그렇다면 그 이후의 문제는 하나님과 함께 살아가는 삶이 주제가 된다.

성경은 하나님과 그의 백성들이 어떻게 살아야 하는가를 다루고 있는 책이다. 물론 여기에 전제되는 것이 믿음이고, 또 하나님과 함께 살아가기 위하여 필요한 조건이 믿음이기 때문에 믿음은 결코 소홀히 할 수 없는 신앙생활에 필요한 요소이다. 그러나 결혼 서약은 결혼시에 하는 것이고, 결혼 생활 내내 결혼을 지켜주는 것이지만, 결혼 후에는 서약을 넘어선 부부의 삶에 주력해야 하듯이 우리도 믿음에만 머물 수는 없다. 믿음으로 구원을 받은 후에는 하나님과 함께 살아가는 생활이 더욱 소중하기 때문이다.

그래서 로마서의 구조를 보면, 2장에서 4장까지의 내용이 믿음으로 구원받는다는 것으로 채워지고, 5장부터는 그리스도와 함께 살아가는 삶을 다루고 있다. 창세기도 15장 6절까지 믿음에 대하여 다룬다. 그 이후는 하나님과 아브라함과 후손들이 함께 살아가는 이야기다. 출애굽기도 전반부에 믿음의 문제를 다루고, 출애굽기 15장에서 말라기까지는 하나님과 함께 살아가는 이야기이다.

성경은 이처럼 하나님 또는 예수 그리스도와 함께 살아가는 이야기를 기록한 책이며 무엇을, 왜, 그리고 어떻게 살아갈 것인가를 기록한 책이다. 더욱이 하나님과 함께 살아가는 삶의 이야기인데 아무렇게나 살아갈 수는 없지 않는가?

이처럼 성경은 사람들의 이야기를 통하여 구체적으로 하나님께서 원하시는 것이 무엇이며, 왜 그렇게 살아가야 하며, 어떻게 하면 그렇게 살 수 있는가를 보여 주고 있다. 이것이 성경의 기본 구조이다.

기도 문제를 생각해 보자. 요한복음 15장 7절 하반절만 읽으면 "(너희가) 원하는 대로 구하라 그리하면 이루리라"고 되어 있다. 만약 이 구절만 딱 떼어서 기도하면 무엇이든지 다 주신다고 자신 있게 말하는 사람이 있다면 그분은 정말 신앙이 좋은 분인가? 아니면 너무 무식한 것인가?

요한복음 15장 7절에 나오는 기도에 대한 내용은 바로 앞 문장인 요한복음 15장 1-6절과 연결되어 있는 문장이다. "나는 포도나무요 너희는 가지라 그가 내 안에, 내가 그 안에 거하면 사람이 열매를 많이 맺나니 나를 떠나서는 너희가 아무것도 할 수 없음이라 사람이 내 안에 거하지 아니하면 가지처럼 밖에 버려져 마르나니 사람들이 그것을 모아다가 불에 던져 사르느니라"(요 15:5-6).

요한복음 15장에서 기도는 주님과 연합하여 살아가는 삶의 연장 선상에서 다루고 있다. 기도는 결코 주님과의 연합한 삶을 빼놓고는 말할 수 없는 문제이기 때문이다. 그래서 "너희가 내 안에 거하고 내 말이 너희 안에 거하면 무엇이든지 원하는 대로 구하라 그리하면 이루리라"(요 15:7)고 되어 있다.

그리고 다시 결과에 대하여 말씀하셨다. "너희가 열매를 많이 맺으면 내 아버지께서 영광을 받으실 것이요 너희는 내 제자가 되리라"(요 15:8). 여기서 주님이 말씀하시는 것은 기도란 단지 기도하는 사람의 욕구를 채워주는 것을 의미하는 것이 아니라 주님 안에 사는 사람들에게 주어지는 특권이란 말이다. 그리스도의 제자로서 하나님의 영광을 많이 나타낼 것을 위하여 기도하며 노력하라는 말이 된다.

예레미야 29장 11절은 많은 사람들이 좋아하는 구절이다. "여호와의 말씀이니라 너희를 향한 나의 생각을 내가 아나니 평안이요 재앙이 아니라 너희에게 미래와 희망을 주는 것이니라." 이 말씀은 희망찬 말씀이고, 위로의 말씀이다. 그러나 이것은 바벨론에 포로로 끌려가 해방을 기다리고 있는 사람들에게 주신 말씀이다. 포로로 이국 땅에서 노예나 다름없는 생활을 하고 있던 사람들에게 얼마나 희망찬 메시지였겠는가?

그러나 무조건 희망이고, 무조건 평안이 아니라 거기에도 조건이 있다. "너희가 내게 부르짖으며 내게 와서 기도하면 내가 너희들의 기도를 들을 것이요 너희가 온 마음으로 나를 구하면 나를 찾을 것이요 나를 만나리라"(렘 29:12-13). 히브리 문장에서는 뒤에 나오는 내용이 더 중요하다. 기도하라는 말보다 "온 마음으로 나를 구하라 나를 찾으라"는 말이 더 무게가 있다.

즉 이 말씀에서 기도는 하나님을 찾는 행위를 말한다. 하나님께로 진심으로 돌아오라는 것이다. 그리고 기도하라는 것이다. 그리하면 포로 된 중에서 다시 돌아오게 하시겠다는 말씀이다(렘 29:14).

성경은 "진주를 돼지에게 결코 던지지 않는다"(참고. 마 7:6)고 한다. 성경은 결코 사람들을 미사어구로 선동하지 않는다. 모세가 반석에서 물을 내었듯이 우리도 반석에서 물을 내야 한다고 선동하지 않는다. 여호수아가 여리고 성을 일곱 번 돌고 그 성을 무너뜨렸으니 무엇을 차지하려면 그렇게 해야 한다고 말하지 않는다. 다니엘이 바벨론 왕궁에 들어가서 왕이 주는 음식을 먹지 않았듯이 우리도 이런 음식은 먹지 말아야 한다고 강요하지 않는다. 예수님이 물 위를 걸으셨으니 그를 믿는 자들도 물 위를 걸어야 한다고 말하지 않는다. 그런데도 사람들은 성경의 내용처럼 하고 싶어 한다.

무디(Dwight Lyman Moody)의 이야기 중에 이런 일화가 있다. 어떤 분이 하루는 무디에게 와서 항의를 했다고 한다. "'구하라 주실 것이요, 찾으라 찾을 것이요, 두드리라 만날 것이라' 고 주님이 말씀하셨고, 나는 그 말씀대로 기도했는데, 왜 이루어지지 않는 것입니까?" 그때 무디는 아무 말 없이 요한일서 3장 22절을 읽어주었다고 한다. "무엇이든지 구하는 바를 그에게서 받나니 이는 우리가 그의 계명을 지키고 그 앞에서 기뻐하시는 것을 행함이라." 분명히 무엇이든지 구하는 바를 하나님으로부터 받는다고 성경은 기록하였다. 그렇다고 해서 무엇이든지 구하는 바를 다 받는 것은 아니다. 이런 상황을 제거하고 기도하면 무조건 무엇이든지 다 받는다고 말한다면 이것은 그를 속이는 것이다.

성경에서 던지는 명제는 반드시 조건이 붙어 있다. 조건이 없다면 기독교적 삶이 없어지기 때문이다. 기독교는 좋은 성구를 가정이나 벽에 붙여놓았다고 해서 복을 받는 종교가 아니다. 이것은 부적에 불과하다. 우리의 신앙은 하나님께서 제시하신 조건을 충족해야만 하나님이 주시기를 원하는 복을 받을 수 있다.

어떤 분이 기도원에서 금식기도를 하고 산에서 내려오는데 마음에 기쁨이 충만하게 되었다고 한다. 자신이 물 위도 걸을 수 있다는 자신감이 일어났다. 마침 지나는 길에 호수가 있어서 이분은 물 위를 신나게 걸어보고 싶었다. 그는 "믿습니다"를 외치며 자신만만하게 물로 뛰어들었다. 결과는 말할 필요가 없을 것이다. 다니엘의 흉내를 낸다고 사자 우리 속으로 들어간다면 그 사람은 물려 죽고 말 것이다. 이런 신앙의 만용들이 일어나는 것은 단순한 결과만을 보고 믿음만 있으면 그런 일이 똑같이 일어날 것이라고 착각했기 때문이다.

예수님께서 무조건 물 위로 걸으신 게 아니다. 그렇게 하신 상황이 있다. 풍랑 속에서 고통을 당하는 제자들을 돕기 위해서는 그런 방법밖에 없었기 때문에 물 위로 걸어가신 것이지, 자신이 하나님의 아들이란 사실을 보여주기 위해 만용을 부리신 것이 아니다. 다니엘이 하나님께서 자신을 사자 굴 속에서도 살려주실 것인지를 시험하려고 그곳에 던져지기를 자처한 것은 아니다. 성경은 왜 다니엘이 사자 굴 속에 던져졌는지를 다니엘 6장 1-15절에 자세하게 묘사하고 있다.

다니엘은 바벨론에 포로로 잡혀가서 그곳에서 총리가 되었던 사람이다. 그리고 바사 시대까지 총리로 활동했던 사람이다. 바사 나라는 120명의 지방 장관을 세우고, 그 위에 총리 셋을 두어 그들을 관리하도록 하였다. 그런데 다리오 왕은 다니엘이 업무에 충실하고 허물이 없었기 때문에 마침내 총리 자리에 임명하여 전국을 다스리게 했다. 그 결과 120명의 지방 장관들과 총리들은 다니엘의 약점을 찾아 고발해서 그를 제거하려고 음모를 꾸미게 된다.

다니엘의 허점을 발견하지 못한 이들은 마침내 다니엘의 기도하는 습관을 들어 그를 고발하기에 이른다. 이런 위험 가운데 빠진 다니엘은 기도를 쉴 수도 있었다. 왕의 명령이 30일간으로 한정되었기 때문이다(단 6:12). 그런데도 다니엘은 하루에 세 번씩 하던 기도를 그치지 않았다.

다니엘은 적들의 올무에서 얼마든지 벗어날 수 있는 길이 있음을 알았다. 30일만 기도를 쉬어도 되었고, 창문을 닫고 기도해도 되었다(단 6:10). 그것도 적들에게 들리도록 말이다. 결국 다니엘은 그들의 음모대로 사자 굴 속에 던져졌다. 그러나 하나님께서 그를 건져주셨다. 이처럼 하나님께서 다니엘을 사자 굴로부터 건지신 것은 그럴 만한 상황이 있었다. 그런 상황을 제외하고 결과만을 추적한다면 우리는 큰 어리석음을 범하게 될 것이다.

성경은 원리를 가르쳐줌으로써 실제로 하나님을 경험하도록 하려는 책이다. 성경은 그저 듣고 감동받고 감격만 하도록 기록한 책은 아니다. 그 말씀대로 살아서 그런 결과를 맛보도록 초청하는 책이기 때문에 진리의 선포도 중요하지만 그 말씀을 이루기 위해서 갖추어야 할 조건이 더욱 중요하다.

나. 사건 중심에서 인물 중심으로

드라마 작가 김수현 씨는 "드라마는 스토리를 쓰는 것이 아니라 인간을 쓰는 것이다. 인간에 대한 이해가 없으면 체온이 없는, 향기가 없는 드라마가 된다"고 했다. 내러티브의 정곡을 찌르는 말이다. 성경은 사건을 알리려고 쓴 책이 아니라, 사람을 쓴 책이다. 우리와 같은 사람들의 이야기를 쓴 것이다. 그러므로 성경을 이해하려면 사람을 먼저 이해해야 한다. 그리고 사람 속에서 역사하시는 하나님을 이해해야 한다.

교회 안에는 성경을 안다고 자랑하는 사람들이 있다. 그들이 알고 있는 내용은 대부분 성경에 나오는 사건들이다. 그럼 사건을 안다고 하자. 그래서 무엇을 얻은 것인가? 유익이 무엇이란 말인가? 에덴동산에서 아담과 하와가 쫓겨나고, 모세가 애굽에서 이스라엘을 해방시켜 출애굽하고, 여호수아가 땅을 차지하고, 바울이 로마까지 복음을 전했다는 내용을 알고 있다고 해서 무엇이 유익인가?

그것을 다른 사람들보다 좀 더 많이 알고 있는 것뿐, 나에게 미치는 것은 아무것도 없다. 그래서 이렇게 성경을 알고 있는 사람들 대부분은 성경을 잘 안다고 자랑할 뿐 변한 것은 없다. 그래서 교회에서는 성경을 가르치려고 하지 않는다. 머리만 크고 교만한 교인이 된다는 이유에서다.

1) 인물이냐? 사건이냐?

내러티브 문장은 사건(case)이 아니라 인물(character)에 주목한다. 이야기는 모든 사실을 인물 구조로 바라본다. 그 이유는 내러티브 문장은 결과에 주목하기보다는 사건의 전개에 주목하기 때문이다. 결과를 주목하면 사건이 된다. 그러나 사건의 전개에 주목하면 그렇게 산 인물에 주목할 수밖에 없다. 그래서 내러티브에서는 그 모든 내용을 인물을 통하여 밝혀내려고 한다.

이야기식은 그 사건의 의미(meaning)를 더욱 중요시한다. 사건을 중심으로 전달되는 글은 대부분 선동적이다. 자기가 주장하려고 하는 것에만 초점을 맞추기에 다른 사람을 선동하는 데는 효과가 있지만, 그것 때문에 진실성이 결여될 수밖에 없다. 자기가 선동하려고 하는 것에 도움이 되는 사실만을 취급하고, 그렇지 않은 내용은 소홀히 다루기 때문이다. 그래서 사람들은 정치적으로 사람들을 이용하려는 선전문들을 신뢰하지 않는다.

반면 내러티브 문장의 생명은 진실성이다. 진실성으로 승부를 건다. 진실성이 무너지면 모든 내용이 다 무용지물이 되기 때문이다. 성경은 어떤 결과를 보여주고 그대로 살도록 하려고 하지 않는다. 대신 사람의 이야기를 들려줌으로써 그 사람의 행동이나 대화에서 배우라고 한다. 그렇기 때문에 내러티브는 사람에 집중한다.

안수찬 기자는 《스트레이트를 넘어 내러티브로》(한국언론재단)란 책에서 이렇게 말한다.

> 일반 신문 기사나 사설에서는 인물의 감성, 주관성 등을 최대한 걸러내고 보도 가치를 따져 중요한 사실의 순서대로 정돈하여 전달한다. 빠른 시간에 사안의 핵심을 이해하도록 돕는 것이 이런 글들의 전략이다. 이야기 기사는 각 인물의 처지를 충분히 파악한 독자가 스스로 가치 판단을 하도록 배려하는 여유의 글이다.

2) 사건과 인물 중심의 차이

사도행전에 나오는 안디옥 교회의 이야기는 그리스도인들이 잘 아는 이야기다(행 11:19-30). 그 교회는 헬라인들에게 복음을 전한 교회, 최초로 그리스도인들이라 불린 교회, 그리고 최초로 세계 선교사를 파송한 교회이다. 본문을 이 정도로만 안다면 성경을 제대로 읽지 못한 것이다.

사도행전 11장 19절을 보면, 본문은 안디옥 교회를 시작한 이들을 소개하는 것으로부터 시작한다. 왜 그럴까? 누가(Luke)는 안디옥 교회 자체가 아니라 이 교회를 세운 사람들에게 포커스를 맞추고 있다. 그 사람들을 하나님께서 왜 사용하셨으며, 어떻게 사용하셨는가를 보여주려고 한다. 그래서 사람들의 이야기로부터 시작한다.

구브로와 구레네 사람들이 스데반의 순교로 일어난 박해를 피해 안디옥으로 갔다. 일반적으로 다른 나라에 가서 살던 사람들이 어려운 일을 당하면 자기 고향으로 돌아간다. 그런데 이들이 생소한 안디옥을 선택했다는 것부터가 놀랍다. 또 그들이 그곳에서 헬라인들에게 주 예수를 전파했다는 점도 놀랍다. 더욱이 이 사건을 읽으면서 주의를 기울여야 하는 점은 예루살렘 교회가 바나바를 그곳에 파송했고, 바나바는 사울을 초청하여 목회를 했다는 점이다.

26절은 두 사람이 어떻게 안디옥에서 목회를 했는지를 말하고 있다. "둘이 교회에 일 년간 모여 있어 큰 무리를 가르쳤고 제자들이 안디옥에서 비로소 그리스도인이라 일컬음을 받게 되었더라." 두 사람은 일 년 동안 목회에 전념하면서 예배하고 교인들을 가르쳤다. 많은 그리스도인들도 일 년간 이런 일에 전념하여 말씀을 열심히 배웠다는 말이다. 그리고 갑자기 '제자들' 이란 용어가 나온다. 이어서 예루살렘 교회가 흉년으로 고통을 당할 때 그들을 도운 이야기가 나온다. 그 결과로 이들이 그리스도인이라고 불린 것이다. 이러한 결과만 가지고 안디옥 교회를 말한다면 그들이 어떻게 했기에 그리스도인이라고 불리게 되었는가 하는 중요한 과정을 놓치게 된다. 교회들이 안디옥 교회를 본받으려고 한다. 그러나 안디옥 교인들처럼 살지는 않는다. 이것이 성경을 잘못 읽은 결과가 아닐까?

사건 중심의 성경 읽기는 성경에 나오는 인물을 영웅으로 만들어 줄 뿐이다. 안디옥 교회도 결과만 보면 그 교회가 위대한 교회요, 그 사람들이 영웅들이다. 그러나 과정을 본다면 그들을 사용하시려고 계획하신 하나님이 위대하시고, 그들이 하나님의 계획에 따라 배우고 성장하여 제자가 된 것이 중요하다.

이처럼 성경의 인물을 중심으로 읽기를 하면 그 교회나 그 교인들이 살았던 전 과정을 보여줌으로써 여호와 하나님을 의지하고 사는 모든 사람들에게는 그런 기적이 일어날 수 있다는 것을 보여주는 것이다. 물론 이 땅에서 살아가는 어느 인간도 똑같은 상황에 존재하지 않기 때문에 성경에 나오는 사건과 똑같은 결과는 일어나지 않을 것이다.

그러나 모든 믿는 자들이 어떤 상황에서든 성경의 원리를 적용하여 살면 하나님이 주시는 결과는 어떤 것이든 반드시 일어난다는 사실을 보여준다.

다니엘이 사자 굴 속에 들어갔다가 나온 이야기를 테마 중심으로 읽거나 기억한다면, 그것은 다니엘 한 사람의 무용담이나 성공 이야기로 전락하고 만다. 거기서 우리는 다니엘처럼 신앙으로 용감하게 살아야지 하는 것까지는 깨닫게 된다. 그러나 왜 다니엘이 그처럼 행동해야 했으며, 어떻게 그렇게 할 수 있었는지를 무시하게 된다.

이 점들이 이해되지 않으면 다니엘이 보여준 신앙이 어떻게 구체적으로 우리 삶에 적용되고, 우리는 그런 경우에 어떻게 살아야 할지를 깨닫지 못하기 때문에, 결국 우리의 삶으로 옮겨낼 수는 없게 될 것이다.

이처럼 테마 중심 또는 인물 중심으로 성경을 읽으면 성경에 나오는 인물들이 우리와 직접적으로 연결될 수 없다. 그러나 인물 중심으로 읽으면, 다니엘이 처했던 상황, 그 어려운 순간에 그의 생각과 결단 등이 곧 우리의 삶으로 연결될 것이다. 이것이 인물 중심으로 성경을 기록한 이유이다.

3) 인물의 행동과 대화에 주목하라

성경을 읽는 사람들이 대부분 쉽게 놓치는 부분은 인물들의 행동과 그들의 대화이다. 어려서부터 귀가 닳도록 들었던 이야기의 하나가 '어리석은 부자 청년' (막 10:17-22)이란 이야기다. 일반적으로 이야기에서 그 부자 청년의 행동과 대화에 대해서는 주의를 기울이지 않는다.

이 내러티브의 처음은 이렇게 시작한다. "예수께서 길에 나가실새 한 사람이 달려와서 꿇어앉아 묻자오되 선한 선생님이여, 내가 무엇을 하여야 영생을 얻으리이까?" 이 글을 읽는 사람들은 '내가 무엇을 하여야 영생을 얻으리이까?' 라는 말부터 생각한다. 그러나 이 말 앞에 '청년이 달려와서 흙 길에 꿇어앉아' 물었던 행동은 무시해 버린다. 무릎을 꿇었던 청년의 본심을 보려면, 예수님과 그 청년의 신분을 대조해 놓고 보면 더 잘 보인다.

그는 부자이고, 율법을 어려서부터 지킨 바리새인이었으며 또한 관원이었다(눅 18:15). 삭개오가 나무 위에 올라가는 일이 쉽지 않았듯이 그가 자기보다 어리고, 학식에서나 소유에서 뒤떨어지는 예수님 앞에 무릎을 꿇었다는 것은 대단한 일이다. 단순히 시험하려고 한 것이라고 생각하기엔 너무 진지하다. 또 한 가지는 마가복음이 소개하는 그 사람이 돌아가면서 보여준 모습이다. "그 사람은 재물이 많은 고로 이 말씀으로 인하여 슬픈 기색을 띠고 근심하며 가니라"(막 10:22).

왜 마가는 이 사람이 돌아가는 모습을 이처럼 자세히 그렸을까? '이 말씀으로 인하여……슬픈 기색을 띠고……근심하며.' 이렇게 읽어도 그 사람이 예수님을 시험하러 온 사람으로밖에 보이지 않을까? 더욱이 예수님의 행동에서 이 사람을 바라보시던 '그를 보시고 사랑하사' 는 어떻게 해석해야 할까? 그러나 그보다 더 중요한 것은 인물들의 대화이다.

부자 청년이 예수님께 물었던 질문은 "선한 선생님이여, 내가 무엇을 하여야 영생을 얻으리이까?" 하는 것이었다. 예수께서는 "너는 계명을 알고 있을 것이다. '살인하지 말아라, 간음하지 말아라, 도둑질하지 말아라, 거짓으로 증언하지 말아라, 속여서 빼앗지 말아라, 네 부모를 공경하여라' 하지 않았느냐?"(막 10:19, 새번역)라고 하셨다. 이 청년은 율법을 잘 알고 있었던 사람이고, 율법을 다 지켰던 사람이다. 이 청년이 생각하는 율법은 물론 예수님이 말씀하는 율법과는 다르다. 우리는 이 사람의 말에 핀잔을 줄 필요는 없다.

그러나 이 청년이 율법을 다 지켰다고 말하는 것은 당시 유대인들의 입장에서 말하는 율법은 지켰다는 말이다. 그처럼 대답할 수 있는 사람이라면 대단한 사람이 아닐 수 없다. 그런 청년이 영생의 문제를 묻기 위하여 예수님께 왔다면 율법의 문제와 영생의 문제를 놓고 고민해 왔던 것이 분명하다. 마가는 그때 예수께서 그를 보시고 사랑하셨다고 기록하였다. 아마도 그때 예수님의 모습에서 그를 사랑하신다는 것을 느꼈을 것이다.

21절은 그를 사랑하시기에 주신 말씀이다.

> 그를 보시고 사랑하사 이르시되 네게 아직도 한 가지 부족한 것이 있으니 가서 네게 있는 것을 다 팔아 가난한 자들에게 주라 그리하면 하늘에서 보화가 네게 있으리라 그리고 와서 나를 따르라 하시니.

이 젊은이는 굉장한 사람이다. 다만 한 가지가 부족하다. 예수님께서 이 사람에게 부탁한 것은 오직 두 가지뿐이다. 첫째는 재산을 팔아 가난한 자들에게 나누어주고, 다음에는 예수님을 따르는 것이다. 예수님은 그에게 영생의 길을 가르쳐주셨다. 영생은 궁극적으로는 예수님을 따르는 것이다. 그러기 위해서는 재산을 팔아 가난한 자들에게 주어야 한다. 아마도 이 사람은 많은 재산에 온 정신이 묶여 있었던 것 같다. 이 청년의 이야기는 언뜻 보면 재산 이야기이다.

그러나 예수께서 이 사람에게 주신 말씀을 보면, 재산이냐? 하나님이냐 하는 문제이다. 그래서 재산을 팔아 가난한 자들에게 주고, 나를 따르라고 하셨다.

이것은 아브라함에게서 보았던 것처럼 하나님의 사람들이 당하는 궁극적 관심의 문제이다. 하나님과 또 다른 어떤 것을 놓고 우왕좌왕하는 것이 우상이다. 아브라함에게 우상이 이삭이었다면 이 사람에게는 재산이 우상이다. 그것을 버리라고 하신 것이다.

이 말씀은 먼저 두 사람의 대화를 듣고 있는 제자들에게 주신 말씀이다. 마가복음의 상황에서는 제자들이 주님을 위하여 모든 것을 버렸다고 말했지만(막 10:28), 사실은 예수님을 왕으로 삼고 성공해 보고 싶은 욕망은 버리지 못하고 있다(막 10:35-40). 그것을 버리라고 간접적으로 말씀하고 계신다. 우리에게도 하나님보다 더 사랑하는 것이 있으면 버리라고 하신다.

다윗과 골리앗의 전쟁에서 가장 중요한 대목은 다윗이 골리앗 앞에서 한 말이다.

> 너는 칼과 창과 단창으로 내게 나아오거니와 나는 만군의 여호와의 이름 곧 네가 모욕하는 이스라엘 군대의 하나님의 이름으로 네게 나아가노라……내가 너를 쳐서 네 목을 베고 블레셋 군대의 시체를 오늘 공중의 새와 땅의 들짐승에게 주어 온 땅으로 이스라엘에 하나님이 계신 줄을 알게 하겠고 또 여호와의 구원하심이 칼과

창에 있지 아니함을 이 무리에게 알게 하리라(삼상 17:45-47).

이 구절은 다윗의 언어가 행동보다 더 중요하다는 것을 보여준 곳이다. 그처럼 말할 수 있었기 때문에 그처럼 행동할 수 있었고, 또 그런 말을 할 수 있었던 것은 그 안에 그런 믿음이나 신앙적 철학이 있었기 때문이었다. 또한 사무엘서 저자는 다윗의 이 말을 통하여 온 이스라엘에게 또 다른 의미를 들려주고 있다. '여호와의 구원하심이 칼과 창에 있지 않다' 는 것과 오직 여호와 하나님만이 참 하나님이시라는 사실을 선포하고 있다.

월터 브루그만(Walter Bruggmann)은 "히브리 내러티브 문학의 특징이 그러하듯이 여기서도 행동은 그렇게 많은 부분을 차지하고 있지 않고 있으며, 행동보다는 오히려 대화와 말이 더 흥미롭고 전체 흐름에 더 중요한 위치를 차지하고 있다" 고 했다.

R. 알터(R. Alter)는 《성경 내러티브의 기법》(The Art of Biblical Narrative)에서 이렇게 말한다.

등장인물의 입에서 나오는 직접적인 말과 비교할 때, 서술은 매우 부차적인 역할만을 담당할 뿐이다.

등장인물의 대화는 이야기의 흐름 속에서 중심부를 차지하고 있다. 대화는 종속적 역할을 뛰어넘어서 전체의 흐름 안에서 중요한 의미를 전달하기도 한다.

바-에프랏트(Bar-Efrat)는 성경 내러티브의 대화가 어떤 특징을 가지고 있는지를 이렇게 설명한다.

> 성경의 내러티브에서 대화는 결코 실제 삶 속에서 진행되는 대화를 정확하고도 사실적으로 흉내 내지 않는다.
> 매우 압축적이고 수사적 전략 속에서 정형화되어 표현되고 있으며, 쓸데없는 잡담을 늘어놓는 것이 아니다. 대화의 자세한 내용은 분명한 수사적 목적을 달성하려는 의도로 아주 세밀한 계산 속에서 기록된 것들이다.
> 등장인물의 입에서 나온 대화나 말은 독자로 하여금 인물의 특성을 파악할 수 있도록 통찰과 관점을 제공하는 것이다.

4) 인물의 감정을 읽어라

일반적으로 소설이나 수필을 읽을 때는 저자가 보여주는 인물들의 감정을 함께 읽는다. 그래서 울기도 하고 웃기도 한다. 그런데 성경을 읽을 때 인물들의 감정까지 읽는 사람은 별로 없다. 모든 인물들의 감정을 빼놓고 글자를 읽는다. 그 이유는 성경에서 인물들의 감정을 기록하고 있지 않기 때문이다.

성경 저자들은 담담하게 감정이 없는 사람처럼 사건을 서술한다. 그렇다고 감정을 전혀 기록하지 않은 것은 아니다. 행동이나 대화 내용 속에 감정을 묻어두었기 때문에 독자들이 놓치고 읽는 것이지 감정 없이 기록한 것은 아니다. 부자 청년(막 10:17-22)의 경우에도 그 청년의 감정은 찾아보기 힘들다. 그러나 그가 길을 가시는 예수님 앞에 달려와서 꿇어앉아 물었다는 행동 속에 그의 감정이 있다.

그리고 마가는 마지막엔 슬픈 기색을 띠고 근심하며 갔다고 함으로써 그의 감정을 표현해 놓았다. 그러나 우리는 그가 예수님의 말씀을 받아들이지 않고 갔다는 데 포커스를 두고 읽기 때문에 그의 감정을 느끼지 못하는 것이다.

이야기는 인물을 중심으로 추적해 나가는 게 특징이다. 그렇다면 아무 감정 없이 어떻게 인물을 표현해 나갈 수 있겠는가? 인물의 감정을 찾아 읽으려면, 먼저 상황을 통하여 인물의 행동을 주의 깊게 추적해야 한다. 아니면 그렇게 행동을 하는 동기를 생각해 보라. 그 안에 감정이 들어 있을 것이다.

형들을 찾아 도담까지 찾아온 요셉을 애굽에 가는 대상들에게 팔던 이야기를 생각해 보자. 형들은 요셉을 구덩이에 던지고 그가 가져온 음식을 앉아서 먹었다(창 37:24-25). 구덩이에 던져진 요셉이 무슨 말을 했는지에 대해서는 성경이 말하지 않는다. 그의 감정에 대해서도 언급이 없다. 동시에 형들의 감정에 대해서도 아무 말도 하지 않는다. 단지 "그를 잡아 구덩이에 던지니 그 구덩이는 빈 것이라 그 속에 물이 없었더라"(24절)고만 기록해 놓았고, 그다음 구절에는 단지 형들이 앉아서 음식을 먹었다고 기록해 놓았다.

물론 여기서 말하는 구덩이는 단순한 구덩이가 아니라, 물을 저장하는 탱크를 말하는 것으로 깊은 굴처럼 되어 있는 곳을 말한다. 물이 있었다면 요셉은 거기서 죽고 말았을 것이다. 다행히 물이 없었기에 요셉은 죽지 않았다. 물이 없었다고 하지만 사람이 그런 구덩이에 던져졌다면 누가 구해 주지 않는 한 그곳에서 죽고 말 것이다. 그런 상황에서 요셉이 아무 소리 없이 앉아 있었을까? 살려 달라고 큰 소리로 형들에게 애원했을 것이 분명하다. 그런데 이런 언급이 없다.

이 구절에 요셉이 부르짖었던 소리에 대하여 언급이 없는 것과 형들이 앉아서 음식을 먹었던 것과는 긴밀한 관계가 있다. 다시 말하면, 형들이 그 긴박한 순간에 앉아서 음식을 먹었다는 것은 그들은 요셉이 부르짖는 말에는 전혀 관심이 없었다는 것을 보여준다. 마치 짐승 한 마리가 구덩이에 던져진 것처럼 말이다. 그러니까 편히 앉아서 여유롭게 음식을 먹을 수 있었던 것이다. 그만큼 그들은 요셉을 미워했고, 그를 죽이려고 하는 마음이 가슴에 가득 차 있었다는 것을 암시한다.

이 사건은 매우 중요하다. 자기를 죽이려고 구덩이에 던져 놓고 편히 앉아 음식을 먹던 형들에 대하여 요셉은 어떤 감정을 느꼈을까? 그때 요셉이 받았던 상처가 얼마나 컸을까? 이런 감정도 성경에는 기록해 놓지 않았다. 그렇지만 그때 받은 상처가 왜 없었겠는가? 비록 후에 애굽으로 내려가는 대상들에게 팔려가기는 했지만, 그때 받은 상처는 그 후 요셉의 생애에 깊이 남아 있었다. 창세기 저자는 그때 있었던 상황과 감정을 창세기 42장 21절에서야 밝혀준다.

그들이 서로 말하되 우리가 아우의 일로 말미암아 범죄하였도다. 그가 우리에게 애걸할 때에 그 마음의 괴로움을 보고도 듣지 아니하였으므로 이 괴로움이 우리에게 임하도다.

성경의 인물들의 대화에서 어조(tone)는 대단히 중요하다. 어조 안에는 곧 그 문제에 대한 해석이 들어 있기 때문이다. 구덩이에 던져진 요셉이 어떤 어조로 말했을까? 요셉을 죽이려고 모의하던 형들의 어조는 어떠했을까? 이런 어조는 그 본문을 해석하는 데 아주 중요하다.

아담과 하와가 범죄하고 숨어 있을 때 하나님께서 그들을 찾아오셨다. 그때 하나님께서 "아담아, 네가 어디 있느냐?"고 물으셨다. 하나님께서 말씀하시던 어조는 어떠했을까? 그것은 곧 하나님의 마음을 헤아리는 것이요, 이것은 곧 성경 해석에서 중요한 요소가 된다.

5) 서신 내러티브 읽기

내러티브 이야기만 나오면 나오는 질문이 있다. "서신도 내러티브로 읽을 수 있는가?" 나는 그렇다고 대답한다. 왜냐하면 서신을 쓴 바울은 물론이거니와 다른 저자들도 모두 히브리인이란 점이다. 그들은 내러티브란 문학적 방법을 몸에 익혀 살고 있던 사람들이다. 그러므로 서신이라고 해도 어느 면에서든지 내러티브 형태는 나온다고 보아야 한다.

우선 서신에도 상황이 있고, 시간이 있다. 로마서에는 로마에 살고 있던 교인들이 있고, 그들의 상황이 있다. 또 바울의 상황이 있고, 바울의 경험과 신학이 있다. 아주 건조하게 쓰인 서신이라도 이런 상황과 시간을 던져 넣으면 내러티브 형식을 띤 서신이 된다. 이것을 나는 서신 내러티브라고 부른다.

서신은 그 당시 교회들의 삶의 이야기이다. 당시에 서신을 받은 교회들의 상황이 있고, 바울의 신앙적인 경험들이 모두 서신에 담겨져 있다. 서신이기는 하지만 바울이 학문적으로 연구해서 쓴 책이 아니라, 자기가 경험한 하나님에 대하여 기록한 것이기 때문에 그것은 이야기이다. 심지어 로마서도 독특한 구성으로 되어 있는 한 편의 이야기다.

로마서는 교리책으로 알려져 있지만 로마서는 기독교 교리를 쓰려고 한 책은 아니다. 도리어 그리스도인들에게 우리가 믿는 신앙이란 무엇이며, 어떻게 사는 것인가를 가르쳐주려고 한 책이다. 로마서 1장에서 8장까지의 내용을 중심으로 생각해 본다면 5장 1-2절은 이 책의 주축(主軸)을 이루고 있는 말씀이다.

> 그러므로 우리가 믿음으로 의롭다 하심을 받았으니 우리 주 예수 그리스도로 말미암아 하나님과 화평을 누리자 또한 그로 말미암아 우리가 믿음으로 서 있는 이 은혜에 들어감을 얻었으며 하나님의 영광을 바라고 즐거워하느니라(롬 5:1-2).

이 구절에는 세 개의 중요한 단어가 나온다. '믿음'(faith), '의'(righteousness), 그리고 '평화'(have peace with God). 평화를 설명하는 곳이 2절이고, 그 결론이 '자랑하다 또는 즐거워하다'(rejoice)이다. 여기서 사용된 '믿음' 이란 말에는 바울이 경험하고 깨달은 믿음의 이야기가 들어 있다. 동시에 그 안에는 로마서를 받는 로마 교회의 믿음에 대한 이야기가 있다. 로마서 1-4장의 내용은 주로 이 믿음에 관한 것이다. 그리고 믿음에서 의로 주제가 옮겨진다.

'의' 란 개념도 학문적으로 진술하기보다는 바울의 경험이 전제되어 있다. 다메섹에서 부활하신 주님을 만나고 나눈 대화를 통하여 깨달은 기독교 진리가 있다. 그리고 바울 자신이 그리스도의 종으로 살아오면서 체험하고 또 하나님께로부터 받은 계시가 있다. 이런 경험으로 '의' 를 설명하고 있다.

'평화'(화평)란 말도 단순한 단어가 아니라, 의롭다 함을 얻은 그리스도인들이 어떻게 살아가야 할 것인가를 설명하는 긴 이야기가 들어 있는 말이다. '믿음,' '의', 그리고 '화평' 을 믿음 쪽에서 보면, 그리스도인들의 삶 전체가 믿음으로 보인다. 그러나 반대로 화평 쪽에서 의와 믿음으로 보면, 그리스도인들의 삶의 핵심은 예수 그리스도와 함께 살아가는 생활이다. 야고보서는 그리스도와 함께 살아가는 '화평' 쪽에서 믿음을 바라보고 있는 책이라 할 수 있다. 이처럼 로마서에 나타난 '믿음', '의' 그리고 '화평' 이란 말로 교리를 말하려고 하는 게 아니라, 믿음에서 의로, 그리고 화평으로 넘어가는 그리스도인들의 삶의 단계를 말하려고 하는 것이다.

어떤 사람은 아직 믿음의 단계에서 살고 있고, 어떤 사람은 그 단계를 넘어 그리스도와의 교제의 단계에 살아간다. 바울은 그리스도와의 깊은 교제 안에서 살아가고 있으면서 이 글을 쓰고 있는 것이고, 로마서 8장은 성령 안에서 구원받은 백성들이 그리스도와 함께 이루어가는 깊은 교제를 말하고 있다.

사도 바울이 말한 "우리가 알거니와 하나님을 사랑하는 자 곧 그의 뜻대로 부르심을 입은 자들에게는 모든 것이 합력하여 선을 이루느니라"(롬 8:28)고 한 말은 예수 그리스도와 함께 나누는 최고의 교제를 단적으로 보여주고 있는 내용이다. 이처럼 '믿음'과 '화평' 사이에 '의'가 있다는 점도 특별한 이야기를 가진다.

이와 같이 살아 움직이는 단어들을 개념적으로만 읽고 넘어간다면 그 말씀 속에 숨겨져 있는 살아 있는 생생한 이야기를 느끼지 못한 채 무덤덤하게 넘어가게 될 것이다. 이런 단어들 속에 숨겨진 이야기를 끄집어내어 이야기를 나누면서 성경을 읽거나 공부한다면 이 단어들이 직접 우리의 삶에 깊이 관계되는 이야기로써 생명력 있는 하나님의 말씀이 될 것이다.

또 한 가지는 바울 서신에 반드시 나타나는 예수님의 말씀에 대한 반향음(reflection)이다. 많은 사람들이 복음서와 바울 서신을 별개의 것으로 구분한다. 그러나 바울 서신의 내용을 살펴보면, 그 내용이 예수님의 말씀을 그대로 전하거나 그것을 해석한 것임을 알게 된다.

로마서 12장 1-3절에서는 예배 문제를 다룬다. 하나님께서 기뻐하시는 예배는 몸으로 드리는 영적 예배라고 한다. 이것은 예수님께서 "영과 진리로 예배하라"(요 4:24)고 하신 말씀을 구체적으로 설명한 것이라 할 수 있다. 예수님은 영과 진리로 드리는 영적 예배에 대하여 말씀하셨다면, 바울 사도는 그 영적 예배가 몸, 즉 생활에서 드리는 영적 예배로부터 출발한다고 설명하고 있다. 로마서 13장 8-10절의 이웃을 사랑하라고 한 그리스도인의 생활 규범도 예수님의 산상설교의 반영임에 틀림이 없다(마 5:21-26, 38-48).

서신 안에는 그 당시 교회의 상황이 있다. 또 당면한 문제들이 있다. 그런데 놀라운 것은 이런 문제들이 심각한 것이었는데도 어느 곳에서도 이런 문제를 직접 드러내서 말한 곳은 없다. 당시 영지주의는 매우 심각한 것이었다. 기독교의 근본 진리를 뒤흔들어놓는 심각한 이단이었다. 그런데도 영지주의란 말이 언급된 곳은 한 곳도 없다. 또 초대교회와 유대교와 분리 과정에서 파생된 문제들도 심각한 것이었다. 그러나 겉으로 이런 문제를 내놓고 말한 곳은 한 곳도 없다. 이런 것은 내러티브적 성격을 분명하게 보여주는 요소들이다.

디모데전서의 다음 구절을 보자.

> 만일 내가 지체하면 너로 하여금 하나님의 집에서 어떻게 행하여야 할지를 알게 하려 함이니 이 집은 살아 계신 하나님의 교회요 진리의 기둥과 터니라 크도다 경건의 비밀이여 그렇지 않다 하는 이 없도다(딤전 3:15-16).

무엇이 급한지 사도 바울은 디모데가 목회하는 곳으로 가고자 한다. 그러나 일이 지체되자 편지를 먼저 보낸다고 했다. 그러면서 하나님의 가족들이 어떻게 행동해야 할지를 편지로 미리 알린다고 했다. 여기서 말하는 '하나님의 집'은 집(house)이 아니라 하나님의 가족 또는 식솔들을 말한다. 교회 즉 하나님의 가족은 진리의 기둥이고 터라고 강조한다. 무엇이 그리도 급했던 것일까? 영지주의의 위협이 교회 안에 강하게 불어오고 있었던 것이다. 그들로 인하여 교회 직분에도 문제가 일어났다(딤전 3:1-13).

이처럼 서신의 짧고 교훈적인 구절같이 보이는 말씀 안에도 많은 이야기들이 들어 있다. 이런 이야기를 밖으로 끄집어내서 편지와 함께 읽어야 그 의미가 무엇인가를 밝히 알 수 있게 된다. 이런 상황을 알려면 신약성서 개론이나 구약성서 개론 같은 책이 필요하다. 평신도들에게는 이런 책들이 주석보다도 더 중요하다고 생각한다.

서신 내러티브 읽기__예문 ❼

보석으로 세운 교회, 지푸라기로 세운 교회

(고전 3:10-17)

몇 년 전에 댈러스(Dallas) 근교 덴턴 지역(Denton county)에 300억짜리 집이 매물로 나온 적이 있었다. 이 집은 자기 아내가 너무나 갖고 싶어해서 사랑하는 아내를 위하여 짓기 시작한 집이었다고 한다. 그런데 정작 그 집이 다 지어져 갈 때쯤엔 그 집이 필요없게 되었다고 한다. 아내는 그런 집에 대해서, 또 남편에 대해서 싫증을 느꼈고, 두 사람이 이혼하게 되었기 때문이었다. 인생에서 집이란 대단히 중요한 것이지만, 한편으론 그보다 더 중요한 집(building)이 있다는 말이다.

바울 사도는 고린도전서를 기록하다가 3장 10절에 이르러 갑자기 집 짓는 이야기를 시작한다.

바울 자신은 하나님이 주신 은혜를 따라 지혜로운 건축가와 같이 기초를 놓았고, 그 기초는 예수 그리스도시라고 한다. 이제부터 그리스도인들이 그 위에 집을 세워 나가야 하는데, 어떻게 세워 나갈지를 각자가 신중하게 생각해서 지어야 한다고 한다. 금이나 은이나 보석으로 지을 수도 있고, 아니면 나무나 풀이나 짚으로 지을 수도 있는데, 각 사람의 업적은 마지막 날에 그대로 드러날 것이라고 했다.

사실 이 세상에 금이나 보석으로만 집을 짓는 사람은 없다. 또 나무나 풀이나 짚으로 집을 짓는 사람도 없다. 그러므로 바울의 비유에서는 실제로 금은 보석으로 집을 지으라는 것이 아니라, 집을 건축하는 재료의 질적 차이에 주목하라는 것이다. 금은 보석 같은 재료는 값이 비쌀 뿐 아니라 영구성이 있다는 것을 말하고, 짚은 값싼 재료로 극히 짧은 시간성을 의미한다. 또 두 종류의 재료는 불에 타지 않는 것과 불에 타 버리는 것으로 구분된다. 종합적으로 표현한다면 이것은 보상의 차이를 말한다. 보석은 반드시 그 주인에게 보상을 주지만, 풀이나 짚은 그냥 없어지고 만다는 것이다.

왜 바울 사도는 갑자기 집 짓는 비유를 말하고 있는 것일까? 여기서 집은 교회를 말한다. 바울이 말하는 교회는 건물이 아니라 교회를 이루고 있는 사람들을 말한다. 그러니까 이 비유는 어떻게 하면 영구하고 하나님 앞에서 칭찬 들을 교회를 세워 나갈 수 있고, 어떻게 하면 수고가 다 수포로 돌아갈 수 있는가를 보여주려는 비유와 같은 말씀이다. 이런 이야기를 왜 고린도 교회에 써 보내야 했을까?

지금 고린도 교회는 분쟁에 휩쓸리고 있다. 아볼로파, 게바파, 바울파 그리고 그리스도파들이 나뉘어서 다투고 있다. 이렇게 교회가 갈라지게 된 이유 중 하나는 고린도 교회 안에 인간의 지혜를 강조하는 사람들이 일어났기 때문이다(고전 1:20, 2:1). 이들은 인간의 지식과 지혜를 자랑하고 웅변을 자랑하는 자들이 되어 그리스도의 십자가를 어리석은 것이라고 평가하기까지 하였다(고전 1:18-21). 그리고 사람에 따라 믿음이 흔들렸기 때문이다.

바울은 이런 고린도 교회의 풍조에 대하여 강한 어조로 반박한다.

"그러나 부르심을 받은 사람에게는, 유대 사람에게나 그리스 사람에게나, 이 그리스도는 하나님의 능력이요, 하나님의 지혜입니다. 하나님의 어리석음이 사람의 지혜보다 더 지혜롭고, 하나님의 약함이 사람의 강함보다 더 강합니다"(고전 1:24-25, 새번역).

그렇다면 집 짓는 재료는 무엇을 의미하는 것인가? 집 짓는 재료를 밝히기 위해서는 위에서 언급된 내용들이 참고되어야 한다.

사실 바울 사도가 고린도에 전도하러 갔을 때 어려움이 참 많았다. 현재 남아 있는 유적들을 볼 때 고린도는 상당히 부유한 도시였다는 것을 알 수 있다. 아울러 그 도시에는 우상들이 특별히 많았다. 그리 크지 않은 도시 안에 신전들이 얼마나 많았는지, 신전들이 세워져 있던 언덕 위에서 보면 마치 이 도시는 신전들로만 되어 있는 것처럼 보일 정도이다. 신전들은 모두 우상과 함께 음란을 섬기는 곳이었다. 그곳에서 나온 유물들을 보면 나체 그림이나 나체상(裸體像)들이 가득했고, 집에서 사용하는 그릇들에도 나체 그림들이 화려한 색깔로 그려져 있다. 그러니 그곳에 도착한 바울이 얼마나 두려워했겠는가?

더욱이 고린도에 가기 전에 아테네 전도에서 큰 실망을 맛보았던 터여서 고린도에서 복음 전하기 위하여 퍽 고심했을 것이다. 그때 감정을 고린도전서 2장 3절에서 "나는 약하였으며, 두려워하였으며, 무척 떨었습니다"(새번역)라고 했다. 그 두려움 가운데서 바울은 주의 음성을 듣는다.

"무서워하지 말아라, 잠자코 있지 말고, 끊임없이 말하여라…… 이 도시에는 나의 백성이 많다"(행 18:9-10, 새번역). 고린도전서 2장 2절을 보면, 그때 바울은 "훌륭한 말이나 지혜로 하지 아니하고, 오직 예수 그리스도 곧 십자가에 달리신 그분밖에는 아무것도 알지 않기로 작정했다"고 한다. 주의 말씀대로 이 십자가의 도를 전함으로써 고린도에 교회가 세워지고, 1년 8개월이나 그곳에서 목회하게 되었다. 그렇다면 금은 보석은 무엇이고, 나무와 짚과 풀은 무엇인가?

나무와 짚과 풀이란, 지금 고린도 교인들이 추구하고 있는 신앙의 방법들이다. 사람 중심의 믿음 생활이다. 인간의 지식을 자랑하는, 그리고 그 위에 세워가는 신앙생활이다. 바울 사도는 갈라디아서에서 사람의 마음을 기쁘게 하거나 사람의 환심을 사려고 하고 있다면 그 사람은 그리스도의 종이 아니라고 강하게 말한다(갈 1:10).

이런 것들은 십자가의 복음을 거부하는 행위들이다. 다른 복음들이나 인간적인 지혜를 강조하는 모든 것들은 반 신앙적인 것들이다. 바울은 철저하게 사람들의 지혜로 복음을 대신하는 것을 배격한다(고전 2:13). 보석은 바울이 고린도에 도착하여 기도하면서 얻은 오직 십자가의 복음이다.

사도행전 20장의 내용은 바울 사도가 고린도 교회를 방문한 직후 예루살렘으로 돌아가기 전에 에베소 장로들에게 준 권면이다. 에베소 교회 장로들과 이별하면서 바울은 목회에 가장 중요한 지침을 주면서 철저하게 하나님과 그 은혜의 말씀에 교회 지도자들과 교회를 부탁한다.

"나는 이제 하나님과 그의 은혜로운 말씀에 여러분을 맡깁니다. 하나님의 말씀은 여러분을 튼튼히 세울 수 있고, 거룩하게 된 모든 사람들 가운데서 여러분으로 하여금 유업을 차지하게 할 수 있습니다"(행 20:32, 새번역).

아직 어린 교회를 놓고 떠나는 상황이라면 오늘 같으면 교회에 남아 있는 장로나 집사들에게 교회를 부탁하는 것이 상식에 속한다. 그러나 바울은 철저하게 사람들에게 교회를 부탁하지 않았다. 오직 하나님과 그 은혜의 말씀에 부탁한다고 했다. 얼마나 철저한 말씀 중심의 사상인가! 그래서 갈라디아서에서는 자기가 전한 복음 외에 다른 것을 전하는 것을 지푸라기 복음이라고 한다(참고. 갈 1:9).

집 짓는 이야기에 하나님의 성전을 더럽히는 자들을 강하게 공격하는 내용이 나온다. 일반적으로 우리는 고린도전서 3장 10-15절과 16-17절을 별개의 내용으로 구분한다. 그러나 이 구절들은 서로 긴밀하게 연결되어 있는 문장으로 보아야 한다. 왜냐하면 고린도전서 3장 18절에서 다시 인간의 지혜와 인간의 자랑을 공격하는 내용이 나오기 때문이다. 이렇게 보면 성전을 더럽히지 말라는 내용은 집 짓는 이야기와 18-23절 내용의 중간에 있다. 물론 16-17절의 내용은 다음에 나올 음란의 문제를 암시하는 연결 고리와 같은 역할을 하기도 한다. 그러면서 여기서는 뒤에 나오는 문장과 연결시키는 것보다는 앞에 나오는 문장, 즉 집 짓는 내용에 이어지는 문장으로 보아야 한다.

여기서 하나님의 성전이란 교회를 말한다. 개인을 말할 수도 있다. 개인이란 성전이 바른 것으로 채워져야 교회란 공동체가 바로 세워지기 때문이다. 그러나 고린도서의 문장 전체로 보아서는 교회라고 해석하는 것이 옳을 것이다.

교회를 더럽히지 말아야 한다. 가장 어리석고 마침내 불에 타 없어져 버릴 인간 중심적인 인간의 지혜들로 하나님의 교회를 더럽히지 말아야 한다. 하나님의 전을 더럽히면 그 사람을 '멸하신다'는 것이 15절의 공력이 '불탄다'는 말과 대칭을 이루고, 여기서 교회를 더럽히는 것들은 바로 앞 문장에서 말한 나무나 풀이나 짚 같은 것으로 교회를 채우는 것과 대칭을 이룬다.

오늘 우리 그리스도인들은 자기의 믿음의 집을 그리고 교회를 금은 보석으로 세우고 있는지, 아니면 나무나 풀과 짚으로 세우고 있는지 반성해 보아야 한다. 미국의 일부 학자들은 그동안 많이 사용해 왔던 '제자'란 말을 이젠 '도제'(徒弟)란 말로 바꿔야 한다고 한다. 왜냐하면 제자란 배운다는 의미가 강하지만, 도제란 배워서 그대로 실행하는 사람을 말하기 때문이다.

04

내러티브로 읽어내기

Reading Bible as a Narrative

가. 행간(틈새) 메꾸기

성경에는 생략하고 갑자기 건너뛰는 곳이 많다. 그리곤 설명도 없고 이유도 밝히지 않는다. 그러한 부분을 흔히 행간이라고 부른다. 그런 행간은 우리가 메꿔가면서 읽어야 한다. 행간의 틈새(gaps)들은 본문에 나타난 모호한 부분들, 설명되어 있지 않은 관습들, 논리의 비약, 시 · 공간적 불연속성 등을 말한다. 이런 틈새를 독자 나름대로 메꾸며 이어나가야 한다. 이런 것을 틈새 메꾸기(filling gaps)라고 한다. 무조건 메꾸는 것이 아니라, 전후 문맥을 살펴서 맥락에 맞게 해야 한다. 이처럼 갑자기 건너뛴 간격은 저자가 주의해서 읽으라고 경고하고 있는 부분이다.

반대로 말하면, 독자가 그 본문 안에 참여할 수 있는 공간이기도 하다. 틈새는 실수가 아니라, 일부러 만들어놓은 것이다. 독자들에게 잠시 쉬면서 생각해 보도록 하는 공간이고, 또 독자들을 본문 안에 참여하도록 초청하는 공간이기도 하다. 독자로 하여금 생각하고,

상상하고, 참여하여 본문을 더 깊이 이해하도록 한다. 이 틈새는 흥미를 유발하는 공간이기도 하다.

마가복음 6장 44절과 45절 사이에는 틈새가 있다. 44절은 오천 명을 먹인 사건의 마무리다. 그리고 45절엔 “예수께서 즉시 제자들을 재촉하사 자기가 무리를 보내는 동안에 배 타고 앞서 건너편 벳새다로 가게 하시고”로 되어 있다. 물론 오천 명을 먹이시고, 무리를 보내고 흩어졌다는 말은 이해가 된다.

그러나 45절을 자세히 읽어보면 갈등이 있다. 제자들을 먼저 쫓아보내듯이 보내고 무리들을 흩어 보내신다. 뭔가 이치에 맞지 않다. 여기엔 뭔가 사건이 있었다는 것을 암시하고 있다. 왜 제자들을 먼저 보내야 했을까? 오천 명을 먹이신 후, 제자들은 무리들과 모종의 움직임이 있었던 것으로 보인다. 그렇기 때문에 제자들을 먼저 보내신 것이다.

창세기 16장과 17장 사이에는 긴 시간의 간격이 있다. 16장 16절에는 하갈이 이스마엘을 낳았을 때에 아브람이 팔십육 세였다고 밝혔다. 그리고 17장 1절에서 다시 아브람의 나이를 밝힌다. “아브람이 구십구 세 때에.” 한 절 사이에 13년의 세월이 흘렀다. 왜 13년이 흘렀다고 말하지 않고 아브람의 나이만을 밝힌 것일까? 이것은 독자로 하여금 계산해 보라는 암시다.

이 말은 하나님과 아브람 사이에 침묵의 기간이 13년이 흘렀다고 암시한다. 그리고 독자로 하여금 생각하게 한다. 이것은 하나님의 침묵의 시간이다. 왜 13년의 세월 동안 침묵이 흘렀을까? 절과 절 사이에 끊겨진 간격은 시간의 단절이다. 저자는 독자들로 하여금 잠시 멈춰서 생각하라고 한다. 성경은 침묵 속에서도 말하기 때문이다. 그 이유는 창세기 15장과 16장의 내용을 통하여 밝혀야 한다.

여호수아 5장 1절에는 이스라엘 백성들이 요단 강을 건넌 후, 바로 가나안 땅으로 진격해 들어갈 수 있는 상황이 되었다고 보도한다. "가나안 사람의 모든 왕들이 여호와께서 요단 물을 이스라엘 자손들 앞에서 말리시고 우리를 건너게 하셨음을 듣고 마음이 녹았고 이스라엘 자손들 때문에 정신을 잃었더라." 그런데 하나님께서는 백성들의 기대와는 달리 길갈에서는 할례를 받으라고 하셨다(수 5:2-9). 그뿐 아니라 이어서 유월절을 지키라고 하셨다(수 5:10-12).

사실 길갈에 진을 쳤지만 이곳은 적진이나 마찬가지이다. 여리고가 지척에 있고, 가나안 모든 왕들이 이스라엘을 주시하고 있는 곳에서 할례를 받는다는 것은 한국으로 친다면 마치 휴전선의 군대들이 할례를 받고 누워 있는 상황과 같은데, 왜 이런 명령을 내렸을까? 당시 할례받고 회복되는 기간이 일주일쯤 되었고, 이어서 또 일주일을 유월절을 지킨다면 보름 동안이나 전쟁을 할 수 없는 상황이었다는 말이다. 그 기간 동안은 적들이 쳐들어와도 그대로 당해야 하는 기간이다. 그런 무서운 일을 하라고 명령하셨으면서도 그 이유에 대해선 아무런 설명이 없으시다. 단순하게 할례를 행하고, 이어서 유월절을 지키라고 할 뿐이다. 여호수아와 백성들은 하나님께서 하라고 하신 대로 할례를 받고 유월절을 그대로 지켰다고만 전한다.

이 행간에도 의미의 단절이 일어났다. 이곳의 단절은 지리적 상황으로 바라볼 때 분명해진다. 할례와 유월절을 지킨 일은 요단 강을 건넌 사건과 여호수아 6장에 여리고를 정복하는 이야기 사이에 끼어 있다. 그렇다면 왜 하나님께서 이스라엘에게 이런 무리한 요구를 하셨는가를 이해하기가 힘들다. 반드시 설명이 필요한 부분이다. 그러나 아무런 해석이나 설명이 첨부되지 않았다.

이러한 문장 서술은 저자가 문학적 재능이 모자라거나 기록하는 능력이 부족해서 일어난 일이 아니다. 성경 저자들이 얼마나 탁월한 문학적 기법을 사용하고 있는가를 보여주는 장면이다. 생각이 있는 사람이라면 한번쯤 되새겨보도록, 그래서 할례와 유월절이 얼마나 중요한가를 깊이 느끼도록 하는 탁월한 솜씨이다.

많은 크리스천들은 자기 생각을 가지고 성경 속으로 들어간다. 아니면 자기가 듣고 싶어하는 성경 구절을 찾아 읽는다. 그러나 성경은 우리에게 읽으면서 그 현장에서 하나님께서 우리에게 무엇을 말씀하시는가를 찾아가기를 원한 책이다. 그러므로 우리의 생각을 가지고 들어가기 전에 먼저 성경이 무엇을 말하는가를 순수하게 들어야 한다.

나. 시간과 공간을 넣어서 읽기

성경은 이야기체로 되어 있는 부분도 있고, 이야기체로 되어 있지 않은 부분도 많다. 그러나 상황을 생각하면서 읽는다면 이야기성을 지니고 있다는 사실을 발견하게 될 것이다. 이야기란 상황이 있는 사건의 진술이다. 이야기는 시간과 공간 안에서 일어나는 예술이다. 그 상황은 독자들이 불어넣어 주어야 한다.

시간과 공간은 이중적일 수 있다. '나' 가 존재하는 공간은 작게는 우리 집안이고, 크게는 우리 사회요 우리나라다. 시간적으로도 나는 지금 이곳에 존재하지만 내가 살아온 세월이란 긴 시간적 존재이며, 또 앞으로 살아갈 날이 많은 시간 안에 있는 존재이다. 성경의 사건도 이중적 삼중적 공간과 시간이 존재할 수 있다는 것을 유념하고 읽어야 한다.

삭개오 이야기에서 이미 보았듯이 "예수께서 여리고로 들어가 지나가시더라"(눅 19:1)는 한 구절 안에 이중적 공간과 시간이 있다. 예수님이 여리고를 지나가시는 공간이 있는가 하면 삭개오를 만나는 공간이 있다. 또 시간적으로는 여리고를 지나가는 시간, 삭개오를 만나는 시간 그리고 예루살렘으로 마지막 올라가는 시간이 있다.

이사야 40장 31절에서는 여호와를 앙망하는 자가 독수리가 날개 치며 올라감 같다고 했다. 이 구절의 이야기는 많은 그리스도인들에게 감동과 위로와 힘을 준다. 그러나 문제는 어떠할 때 우리가 독수리처럼 날 수 있을까? 성경은 단순하게 독수리처럼 날도록 감동을 주기 위해 쓰여진 책이 아니라, 실제로 독수리처럼 나는 기적을 경험해 보도록 쓰여진 책이다.

독수리처럼 날개 치며 올라가는 삶을 살려면, 이사야서 본문 안에 시간과 공간을 투여해야 한다. 언제 어디에 있는 사람들에게 이 말씀을 주신 것인가를 생각하고 읽어야 한다. 이 말씀을 받은 독자들은 지금 바벨론에 포로로 잡혀와 있는 사람들이다. 그들에게 이사야 선지자는 독수리처럼 날 수 있는 비결을 말하고 있다. 아무리 절망적인 상황이라도 낙심하지 말라고 한다(사 40:27-30). 그리고 여호와만 앙망하라고 한다.

새번역에서는 "오직 주님을 소망으로 삼는 사람"이라고 한다. 그리하면 독수리 날개 침 같은 힘을 주께서 주신다는 것이다. 성경을 읽으며 아무리 감동을 받았다고 해도 이런 구체적인 내용을 이해하고 실천하지 못하면 실제로 독수리처럼 날게 되는 경험은 하지 못할 것이다.

다. 함축, 암시, 이미지 사용

내러티브 문학은 사실을 사실 그대로 다 서술하지 않는다. 또 그렇게 된 이유, 그렇게 해야 할 이유를 설명하지도 않는다. 시인이 시를 쓰듯이 저자가 보여주려고 하는 내용을 함축해서 전하는 경우가 많다. 함축된 의미를 표현하는 방법은 수없이 많다. 상징, 이미지, 은유(metaphor)와 비유, 수사학 그리고 이야기들이다.

이런 장르에 대한 이해가 있어야 성경을 재미있고, 바르게 이해할 수 있다. 성경은 글자보다도 암시나 그림언어로 더 많은 이야기를 하고 있다. 이런 표현법은 내용을 길게 서술하는 것보다 훨씬 힘이 있다. 이런 방법에 힘이 있기 때문에 사탄도 이를 사용하였다.

에덴동산에서 하와를 유혹하던 사탄의 전략을 보자. 그곳에는 사탄이란 어떤 존재인가, 왜 하와를 유혹했는가, 어떻게 유혹했는가에 대해서 일언반구도 없고 담담하게 내용을 서술하고 있다. 사탄은 하와에게 이렇게 물었다. "하나님이 참으로 너희에게 동산 모든 나무의 열매를 먹지 말라 하시더냐?"(창 3:1) 이 질문에서 "모든 나무의 열매를 먹지 말라 하시더냐"의 말 속에는 함축된 의미와 암시가 있다. 모든 열매를 먹지 말라고 함으로써 하나님을 고집 세고, 독단적이고, 사람들을 억압하는 분으로 몰아가려는 의도를 내비치고 있다. 그리하여 하와의 불평을 끄집어내려는 것이다.

이런 방법에 하와는 넘어가고 있었다. "여자가 뱀에게 말하되 동산 나무의 열매를 우리가 먹을 수 있으나 동산 중앙에 있는 나무의 열매는 하나님의 말씀에 너희는 먹지도 말고 만지지도 말라 너희가 죽을까 하노라 하셨느니라"(창 3:2-3). 하와는 사탄의 말을 수정하는 것같이 말하지만, 사탄이 놓은 올무에 걸려 하나님을 고집스러운 분으로 불평을 털어놓고 만다.

여기서 그녀는 '하나님의 말씀에……먹지도 말고 만지지도 말라' 고 하여 하나님은 먹지도 말고 만지지도 말라고 하신 분이라고 몰아가고 있다. 그리고 하나님에 대한 불신을 내비친다. '죽을까 하노라', 반드시 죽는다고 하셨지만 그럴지도 모른다는 의미를 암시한다.

에덴동산 이야기에서 생명나무, 선악을 알게 하는 나무, 네 강의 근원, 아담으로 하여금 짐승의 이름을 짓도록 한 일들은 모두 이미지이다. 성경은 글로 표현하기보다 그림언어로 더 많은 이야기를 한다. 그래서 그림언어를 잘 읽어야 한다.

이미지라고 할 때 사람들은 독특하고 특성 있는 이미지를 생각하지만 성경의 이미지는 평범한 이미지들을 더 많이 사용하고 있다. 예를 들면, 창세기 18장에 여호와께서 아브라함을 찾아오시는 이야기가 나온다. 물론 1절에서 여호와께서 아브라함을 마므레 상수리 근처에 쉬고 있는 아브라함에게 찾아오셨다고 이야기를 하고 있지만, 그 뒤에 아브라함의 행동에서 일반 나그네를 대접하는 것하고는 전혀 다른 모습을 그리고 있다. 이런 모습들은 아브라함이 하나님을 대접하고 있다는 것을 독자들이 알아차리도록 저자가 보여주고 있다.

시편 1편에서 '시냇가에 심은 나무'는 굉장한 이미지이다. 이 짧은 말로 크리스천이란 어떤 사람들인가를 명확하게 보여준다. 물론 유대인의 입장에선 유대인의 정체성을 밝혀주는 말이다. 여기서 중요한 단어는 '심은'이란 단어다. 이 말은 이 나무가 어느 곳으로부터 옮겨져서 시냇가에 심겨졌다는 것을 의미한다. 이스라엘로 말하면 애굽에서 가나안 땅으로 옮겨온 나무이다. 다윗으로 말하면 목동에서 왕으로 옮겨 심겨진 나무이다. 일반적으로 말하면 메마른 사막에서 오아시스로 옮겨온 나무를 말한다. 우리로 말하면 하나님 없는 곳에서 하나님 안으로(엡 2:1-7) 옮겨온 나무다.

시냇가는 새로 옮겨진 나무를 위하여 조성된 곳을 의미한다. 동시에 이 시내는 말씀(유대인에게는 율법)을 의미한다. 히브리인들이 하나님 안에 있다는 것은 곧 말씀(율법) 안에 있다는 것을 의미한다는 사상을 잘 나타내고 있다. 또 시냇가에 심겨진 나무가 이제부터는 무엇을 해야 하는가를 암시하고 있다. 시냇가에 옮겨와 심겨지는 복을 받은 나무지만 물은 자기가 먹어야 하는 것이다.

성경은 이처럼 짧은 구절이나 단어 하나도 수많은 의미를 전달하는 책이다.

라. 성경의 언어 이해

위에서 언급한 대로 성경에서 가장 중요한 것은 언어와 표현법이다. 성경이 이야기로 기록되었다는 말은 성경이 어떤 사실을 논리적으로 설명하는 책이 아니라 하나님과 그 백성들 사이에 일어난 사건들을 생생하게 보여주는 책이라는 것이다. 성경의 언어는 단순한 단어가 아니라 그림인 것이다. 전하려고 하는 의미(하나님의 뜻)를 특별한 방법으로 구성하고, 그 구성에 따라 언어를 선택하여 사용한 것이다. 그만큼 성경을 이해하기 위해서는 언어 이해가 중요하다.

F. 슐라이어마허(Friedrich Schleiermacher)는 어떤 문서를 해석하려면 그 문서의 언어를 그 시대에 사용되었던 언어로 파악하여야 올바로 이해할 수 있다고 주장하면서, 동시에 저자의 생각을 이해하려면 그 저자의 삶 전체의 맥락에서 어떻게 그런 생각이 나왔는가를 추적해 보아야 한다고 주장했다. 이런 면에서 그는, 해석학은 이해의 기술이며, 듣기의 기술이고, 저자가 말한 것을 통해 저자를 이해하는 기

술이며, 언어를 통한 존재와의 만남이라고 했다.

철학자 볼테르(F. Voltaire)는 "나와 대화하고 싶다면, 먼저 내가 사용하는 언어를 배우라"고 했다. 성경과 대화하려면 성경의 언어의 의미를 바르게 이해해야 한다. 성경이 히브리 문화를 배경으로 해서 쓰여진 책이라면 그들의 언어를 알아야 하고, 그들의 종교적, 문화적, 지리적 배경을 이해해야 한다. 그래야 하나님께서 성경을 통하여 말씀하시는 그 의미를 분명하게 깨달을 수 있다.

성경은 언어의 유희(play of word)를 자유롭게 사용하는 책이다. 룻기는 내러티브 문학의 꽃이라고 부른다(룻기 내러티브 읽기는 나의 《사사들과 다윗왕국시대》에서 자세히 다루었음). 베들레헴에 풍년이 들게 하셨다는 말을 듣고 나오미는 모압을 떠나 고향 베들레헴으로 돌아왔다. 룻기 1장 22절에서는 "그들이 보리 추수 시작할 때에 베들레헴에 이르렀다"고 밝힌다. 2장 2절에서는 룻이 나오미에게 이삭을 주우러 가겠다고 한다.

그런데 2절에서 룻을 묘사하는 단어가 이상하다. '모압 여인 룻'이라고 부른다. 베들레헴에 온 여인을 모압 여인이라고 한다. 그 모압 여인인 룻이 베들레헴 유대인 밭에 이삭을 주우러 간다고 했다는 말이다. 이 말 속에 룻이 처한 상황이 다 들어 있다. 그녀는 아직 베들레헴의 여인이 아니다. 유대인들에게 가장 천대받는 모압 여인이다. 천대받는 모압 여인을 보호하여 줄 남자는 그 집에 없다. 밭에 가서 어떤 수모를 당할지 모르는 형편이다. 그렇다면 나오미가 나서야 하지 않을까?

그런데 룻이 나섰다는 의미이다. '모압 여인 룻' 이란 표현은 계속되어 룻기 2장 21절에서도 그녀는 아직 모압 여인이다. 룻기 3장에 가서야 '모압 여인' 이란 딱지가 떨어지고, 그냥 '룻' 이라 부르기 시작한다(룻 3:5, 14, 16). 이제는 룻이 베들레헴에 어느 정도 적응되었고, 그곳 사람들이 룻을 자기 마을 사람으로 받아준 것으로 보인다.

모세가 장성하여 자기 동족이 고역하는 곳으로 나갔다가 살인을 저지른다. 어떤 사람들은 모세가 혈기가 많아서 사람을 죽이는 죄를 범한 것이고, 아직 지도자가 되기에 미흡했기에 하나님께서 그를 광야로 보내어 훈련받게 하셨다고 해석하기도 한다. 그러나 이런 해석은 본문의 언어유희를 잘 읽지 않았기 때문이다.

출애굽기 2장 11절에는 "어떤 애굽 사람이 한 히브리 사람 곧 자기 형제를 치는 것을 본지라" 라고 기록해 놓았다. 새번역에는 '동족인 히브리 사람' 이라고 번역해 놓았다. 그러나 원어에 가까운 번역은 개역개정판으로 보인다. '히브리 사람 곧 자기 형제' 라는 표현은 동족이란 표현도 되지만, 여기서는 심한 노동에 시달리며 애굽 사람에게 매를 맞는 사람을 동족이 아니라 자기 친형제로 보았다는 뜻이다. 자기 친형제가 맞는 것을 보고 있을 수 없을 만큼 모세는 민족혼이 불타고 있었다는 말이다. 그리고 12절에 "좌우를 살펴 사람이 없음을 보고" 라고 되어 있는 것을 보면 모세가 혈기 때문에 사람을 죽인 것이 아니란 사실을 암시하고 있다. 애굽 궁궐에서 호화스럽게

40년 동안 성장한 모세였는데, 그의 속은 철저하게 히브리 사람으로 자랐다는 것을 암시한다.

안디옥 교회에서 바나바와 사울은 일 년 동안 교인들을 열심히 가르쳤다. "둘이 교회에 일 년간 모여 있어 큰 무리를 가르쳤고 제자들이 안디옥에서 비로소 그리스도인이라 일컬음을 받게 되었더라"(행 11:26). 교인들이 그리스도인이라 불린 것이 아니라, 제자들이 그처럼 불렸다고 한다. 여기서 제자들이란 단어 하나로 바나바와 사울이 일 년 동안 그들을 가르친 결과를 말해 준다.

누가복음에 나오는 돌아오는 둘째 아들의 이야기 가운데, 형이 동생을 가리켜 "아버지의 살림을 창녀들과 함께 삼켜 버린 이 아들이 돌아오매 이를 위하여 살진 송아지를 잡으셨나이다"(눅 15:30)라고 말한다. 사실 이 내러티브에서 둘째 아들을 탕자라고 부른 곳이 없다. 큰아들이 그를 탕자처럼 표현했을 뿐이다. 그리고 아버지는 돌아온 아들을 '내 아들'(눅 15:24)이라고 부른다. 아버지의 생각과 큰아들의 생각의 큰 차이를 볼 수 있다.

언어라고 해서 아무렇게나 번역할 수 있는 것은 아니다. 요한복음 15장의 '열매 맺지 못하는 가지는 잘라내신다' 는 말에서 '잘라 낸다' 는 헬라어의 뜻에 '치켜세운다' 는 뜻이 있다고 '잘라낸다' 를 '받쳐준다' 로 번역한다면 그것은 저자의 관심을 오해하는 것이다. 받쳐준다고 할 수 있는 근거로 예정된 사람을 절대로 버리지 않는다고 하셨는데, 어떻게 열매 맺지 않는다고 잘라낼 수 있느냐고 반문할 수 있을 것이다. 이런 논리는 예정이란 선입견으로 성경 본문을 읽는 것이지 성경으로 본문을 이해하는 것은 아니다. 이 말씀은 본문의 맥락에서 이해해야 한다.

주님의 관심은 우리가 가지로서 포도나무에 접붙여졌다는 것을 전제한다. 그리고 접붙여진 상태에 머물러 있어야 한다는 것이다. 그리하면 자연히 열매를 많이 맺게 되어 있다. 그런데 열매가 없다는 말은 가지가 포도나무에 붙어 있지 않다는 말이다. 그러므로 가지를 잘라내는 것이다. 본문에서는 '잘라내고, 너희는 이미 깨끗하니라' 고 하셨다.

언어는 저자가 가지고 있는 신학적 관점을 포함한다. 신구약에서 아주 중요하게 사용되는 단어는 '알다'(know)이다. 이에 대한 히브리적 이해는 '야다' 이다. '야다' 는 정신에 의해서보다는 마음에 의해서 아는 것이며, 활력 있는 경험 속에서 적극적이고 의도적으로 참여함으로써 생기는 것이다.

히브리인들의 사고에는 영어의 'mind'(정신), 또는 'intellect'(지성)에 해당하는 어떤 단어도 가지고 있지 않다. '아담이 그의 아내 하와를 알았다' 는 표현에서 볼 수 있듯이 '야다' 는 경험으로 아는 것을 말한다. 히브리 성경에서 '하나님을 아는 것' 은 하나님이 선취권을 행사하는 그런 활동으로서의 하나님을 아는 것이고, 더 나아가 하나님의 뜻에 대한 복종을 의미한다. 사실상 하나님의 뜻을 이해하고 몸으로써 응답하지 않는 것은 하나님을 인정하는 것도 아니고, 아는 것도 아니다.

신약에서는 '기노스코'(γινώσκω), '노에오'(νοεω), '오이다'(οιδα)가 사용된다. 기노스코의 일반적 용법은 지적인 이해(지각하다, 이해하다)를 가리킨다. 그러나 목적을 나타내는 속격이 따라오면 지식 자체보다는 오히려 아는 행위를 가리킨다. 그러나 신약에 사용된 '안다'는 단어는 히브리적 '야다'로 이해해야 한다. 예를 들면, 로마서 8장 28절의 "우리가 알거니와 하나님을 사랑하는 자 곧 그의 뜻대로 부르심을 입은 자들에게는 모든 것이 합력하여 선을 이루느니라"라는 구절에서 강조점은 '우리가 안다'(We know that……)는 데 있다. 그리고 바울이 알고 있는 내용이 이어서 나온다.

여기서 안다는 단어는 히브리적으로 '야다'를 의미한다. 그러므로 바울은 하나님을 사랑하는 자들에게는 모든 것이 협력하여 선을 이룬다는 것을 친히 경험해 보았으므로 가슴으로 알고 의지하며 살고 있다는 뜻이다. 이런 경우에는 믿는다는 표현보다 안다는 말이 더 힘이 있다. 우리가 무조건 믿는다는 말을 많이 쓰는 것은 좋은 표현이 아닐 때도 있다.

마. 반복과 강조

내러티브로 기록된 성경은 특별히 강조하는 문구가 없다. 그저 물 흐르듯이 이야기를 전개한다. 그렇다고 강조하는 면이 없는 것은 아니다. 강조하는 방법이 우리와 다를 뿐이다. 언어의 유희를 통해 단어를 바꾸거나 같은 단어나 구절을 반복하기도 한다. 당시엔 종이도 없었을 때인데 왜 같은 내용을 반복할까? 종이를 낭비하기 위해서가 아니라, 반복함으로써 그 내용이 아주 중요하다는 것을 암시하는 것이다. 즉 반복해서 나오는 단어나 구절은 매우 중요하기 때문에 세심한 관심을 기울여 읽어야 한다는 뜻이다.

요한계시록 1장을 보면, 하나님의 말씀과 예수 그리스도의 증인이란 말이 두 번이나 나온다(계 1:2, 9). 이것은 요한계시록의 중심 주제가 된다. 하나님의 말씀은 십계명의 제1계명과 관계가 있다. 당시 요한은 황제를 신으로 섬기라는 로마 제국의 명령에 맞서서 오직 하나님만 섬기려고 꿋꿋하게 그 말씀을 붙들고 살다가 밧모 섬 광산에서 중노동을 하도록 유배를 당했다(9절). 예수 그리스도의 증인(에마르투레센)이란 말은 '순교자가 되었다' 또는 '수난을 당했다' 는 것으로 해석할 수 있다. 요한은 예수 그리스도를 증거하다가 지금 수난을 당하고 있는 것이다.

증거와 순교는 밀접한 관계가 있다. 그 당시 예수님을 증거한다는 일은 곧 죽음을 각오한 것이기 때문이다. 그러므로 '하나님의 말씀과 예수 그리스도의 증인' 이라는 말은 요한 자신처럼 이 두 가지를 지키기 위하여 박해와 죽임을 당하는 하나님의 사람들을 격려하기 위하여 요한계시록을 쓴다는 암시를 하고 있는 말이다.

창세기 22장에는 아브라함 사건에서 아주 중요한 이삭을 바치는 내러티브가 나온다. 이 기사를 읽을 때마다 늘 궁금한 것은 하나님께서 왜 아브라함에게 이삭을 바치라고 했을까 하는 점이었다. 그 이유가 본문에 밝히 나타나 있지 않다. 그러나 창세기 22장 1-19절에 반복되는 구절이 있다. 이삭을 부르는 명칭이다. '네 아들, 네 사랑하는 독자 이삭' (창 22:2), '네 아들, 네 독자까지' (창 22:12, 16). 자기 아들에게 수식어를 두 개나 붙여 가면서 부르는 아버지는 없다. 그런데 여기서는 하나님께서 이삭을 그처럼 부르고 계신다.

이처럼 하나님께서 같은 말을 반복하시는 것은 바로 그 안에 이삭을 바치라고 하는 이유가 있기 때문이다. 다시 말하면, '네 아들, 네 사랑하는 독자 이삭' 은 하나님이 보실 때 아브라함이 이삭을 그처럼 생각한다는 것이다. 하나님께서는 약속대로 아브라함에게 모든 것을 주셨다. 특별히 백세에 아들을 주셨다. 그런데 지금 아브라함의 모든 정신은 이삭에게 집중되어 있다. 그래서 하나님께서는 아브라함이 하나님을 이삭보다 더 사랑하는가를 시험해 보시려는 것이다(참고. 딤전 6:17).

반복은 아니지만, 내용의 흐름이 갑자기 천천히, 마치 슬로우 비디오(slow video)처럼 묘사해 놓은 곳들이 있다. 아브라함이 이삭을 바치기 위하여 제단에 올려놓는 기사를 주의 깊게 읽어보라.

> 하나님이 그에게 일러 주신 곳에 이른지라 이에 아브라함이 그곳에 제단을 쌓고 나무를 벌여 놓고 그의 아들 이삭을 결박하여 제단 나무 위에 놓고 손을 내밀어 칼을 잡고 그 아들을 잡으려 하니(창 22:9-10).

이 구절에서 아브라함의 행동이 여섯 개의 동사로 구분되어 나온다. 그리고 아들(his son)이란 단어가 두 번이나 나온다. '아들을 묶고'(9절), '아들을 죽이려고'(10절), 이것도 아들을 죽이려고 했다는 것을 강조하는 대목이다. 이처럼 슬로우 비디오처럼 천천히 문장이 흐르는 곳은 그 행동을 하는 사람의 비장한 마음, 슬픈 마음을 표현한다. 아들을 바치려고, 그것도 번제로 태워서 죽이려고 하는 아버지의 마음이 얼마나 무겁고 아팠을까? 성경은 단지 이런 방법으로 감정을 나타낼 뿐이다.

예수님의 시신을 십자가에서 내리던 장면의 묘사를 보자. "요셉이 세마포를 사서(사 가지고 와서) 예수를 내려다가 그것으로 싸서 바위 속에 판 무덤에 넣어두고 돌을 굴려 무덤 문에 놓으매"(막 15:46). 이 묘사도 한 장면씩 잘라서 천천히 표현하였다. 이 글을 천천히 끊어서 읽으면 비장하면서도 장엄함을 느끼게 한다.

문장의 어순도 강조법 중의 하나이다. 마가복음 15장 39절에는 예수님의 사형을 집행하던 백부장이 그분이 운명하는 모습을 보고 "이 사람은 진실로 하나님의 아들이었도다"라고 외치는 장면이 나온다. 우리 번역의 순서는 별 다름이 없다. 그러나 원래의 표현에는 어순을 활용하여 강조하는 부분이 나온다. 영어 문장은 "Having seen and the centurion-having stood nearby opposite Him that he expired this ways said, truly, his man son of God was"로 되어 있다. 'Having seen'은 백부장이 예수님을 하나님의 아들이라고 선언한 이유를 설명하는 구절이다.

백부장은 예수님이 십자가에 달리시고, 운명하는 모습에서 무엇인가를 보았다는 것을 말해 준다. 이런 식으로 성경을 읽으려면 우리 번역 성경만으로는 어렵다. 그러나 다른 번역 성경과 대조해 읽으면 어느 정도는 느낄 수가 있을 것이다.

지금까지 본 대로, 성경을 읽어가면서 강조점이 있는가를 찾아가며 읽어야 한다. 중요하지 않아 보이는 부분을 중요하게 읽어야 한다. 반복되는 단어나 구절이 있으면 주의해서 읽어야 한다. 문장의 어순도 중요하다. 이런 것들을 유의하여 읽어야 한다.

바. 히브리적 유머

《예수님의 유머》라는 글을 쓴 얼 F. 팔머라는 분이 있다. 그가 아들에게 성경을 읽어주고 있었는데, 갑자기 "예수님은 재미있는 분이다"고 하면서 아이가 손뼉을 치며 웃더란다. 그 말씀은 곧 "낙타가 바늘귀로 나가는 것이 부자가 하나님의 나라에 들어가는 것보다 쉬우니라"(막 10:25; 마 19:24; 눅 18:25)였다. 그때서야 그는 어른들이 예수님의 유머를 여태껏 모르고 성경을 읽었다는 사실을 깨달았다고 한다.

히브리인들은 사건과 단어의 묘사 속에 유머가 들어 있다. 바벨탑 사건에서 '바벨'이란 단어도 언어유희를 사용한 유머이다. 바벨이란 단어를 바벨론 사람들은 '하늘의 문'이라고 해석하고, 히브리인들은 '혼잡 또는 무너지는 것'이라고 사용한다. 히브리인들은 너희들이 하늘의 문에 닿았다고 좋아하겠지만, 그것은 너희들이 망하는 길이라고 한다. 그러면서 그들이 웃는 장면을 생각해 보라. 우상을 조롱하면서 웃는다.

라헬이 말안장에 깔고 있던 드라빔의 이야기도 히브리적 유머다. 어린 다윗이 전쟁 영웅 골리앗 앞에 물맷돌을 들고 서 있는 모습은 당연히 압권이다. 예수님이 하신 '하루살이는 걸러내고 낙타는 삼키는 자들' 이란 은유도 유머다.

사. 외부 상황과 성경 이해

칼 바르트(Karl Barth)는 한 손에 성경을, 그리고 한 손엔 신문을 놓고 읽으라고 권했다. 성경을 이해하는 데 무슨 신문이 필요한 것일까? 성경은 하나님의 사람들이 하나님과 함께 살아가는 이야기라고 했다. 하나님을 잘 섬기고 예배하며 사는 이야기도 나오고, 반대로 은혜를 입은 자들이 하나님을 배반하며 사는 이야기도 나온다.

사실 본문을 정확하게 읽고 그 내면의 의미를 찾아내면 현실 사회와 교회의 문제가 보인다. 반대로 현실의 문제를 정확하게 파악하고 성경을 읽으면 또한 성경의 내용이 보이기도 한다.

성경의 내용을 이해하기 위해서는 읽고 있는 본문 내부의 내용도 분명히 이해해야 하지만 성경 외부의 지식(extratextual repertoire)도 필요할 때가 많다. 예수께서 제자들을 데리고 가이사랴 빌립보 지경으로 가셨다고 하면, 그곳에 간 시기는 예수님 공생애 언제쯤에 해당되는가 하는 것은 성경 안에서 찾아야 할 부분인데, 이 시기를 이해해야 할 이유는, 마태복음 16장 13-21절에서 베드로의 신앙고백과 교회를 세운다는 말이 왜 그리 중요한가를 그 시기가 밝혀 주기 때문이다.

예수님 생애 초기에 일어난 일이라고 하면 그리 중요하지 않을 수 있다. 그러나 예수님 생애 마지막 시기에 있었던 일이라고 하면 그것은 유언과 같은 내용이다. 교회를 세우는 일을 제자들에게 말씀하신 시기는 주님의 생애 마지막 시기이다. 그만큼 교회는 주님의 생애를 이어나가야 하는 중대한 책임을 가지고 있는 주의 도구이다.

또 가이사랴 빌립보에 대한 내용은 외부 지식도 알아야 하는 것이다. 가이사랴 빌립보란 곳은 어디에 있는 곳이며, 갈릴리에서 얼마나 떨어진 곳이며, 왜 그곳에 가셨는가 하는 것은 성경 외에서 가져와야 하는 지식이다. 외부 지식에는 크게 그 지역의 지리, 사회적 환경, 그리고 역사나 종교 관습에 대한 지식이 포함된다. 그런가 하면 성경을 읽고 있는 독자의 상황도 성경 이해에서 중요한 역할을 한다.

요한계시록은 우리에게 어려운 책으로 알려져 있다. 그러나 그 당시 요한계시록을 읽었던 독자들에게 요한계시록은 아주 현실적인 책이었다. 누구나 읽으면서 쉽게 느끼고 감동하고 용기를 얻었던 책이었음에 틀림이 없다. 왜 그럴까? 그들은 요한계시록을 읽으면서 현실을 보았고, 또 현실의 상황에서 그 책을 읽었기 때문이다. 그렇다고 오늘의 현실에 무조건 요한계시록을 맞추어 읽어야 한다는 말은 아니다. 그런 방법은 도리어 위험하다.

요한계시록은 그 당시 상황에서 읽어야 한다. 먼저 요한이 크리스천들에게 주려고 하는 의미가 무엇인가를 분명하게 깨달아야 한다. 그리고 그 의미를 현실에 비추어 현실 상황을 이해한다면 요한계시록을 통하여 오늘 우리 시대에 주는 위대한 교훈들을 쉽게 그리고 분명하게 깨닫게 될 것이다. 이것을 텍스트의 상호연관성(intertextuality)이라고 한다. 즉 성경 안의 진리로 현실을 보고, 현실의 문제와 비교하면서 성경 본문을 읽어야 한다는 말이다.

아브라함이 이삭을 바쳤던 이야기도 현재의 우리 상황에서 읽는다면 더 실감이 난다. 아브라함이 이삭을 자기의 전부라고 생각했을 때 하나님은 어떤 감정을 느끼셨을까? 모든 것을 다 주고 이삭에게 아브라함의 사랑을 빼앗긴 것이 아닌가? 궁극적 관심은 하나여야 하는데, 아브라함은 두 개의 궁극적 관심을 가지게 되었다. 궁극적 관심이 둘이 되면 하나는 우상숭배가 된다. 아브라함은 이삭이라는 우상을 섬기고 있는 것이다.

오늘 우리의 상황은 어떤가? 오늘 우리 크리스천들에게 궁극적 관심은 몇 개나 되는가? 십계명의 제일 계명은, "너는 나 외에는 다른 신들을 네게 두지 말라(개역개정)"고 되어 있다. '나 외에' 라고 번역한 구절은 '내 앞에' (before me)라고 번역할 수 있는 말이다.

사사기를 읽으면 이 말이 더욱 분명해진다. 이스라엘 자손이 여호와의 목전에 악을 행하여 바알들을 섬겼다는, '목전' (in the sight of the Lord)이란 구절이 일곱 번이나 나온다(삿 2:11, 3:7,12, 4:1, 6:1, 10:6, 13:1). 이 말은 하나님을 버리고 바알을 섬겼다는 말이 아니라, 여호와 하나님과 동시에 바알을 섬겼다는 뜻이다. 이스라엘 남쪽 아라드에 가면 그 성 안에 성전 모형을 만들어놓았는데, 그곳 지성소에는 하나님을 상징하는 기둥과 바알을 상징하는 기둥을(조금 작게 만들어놓기는 했지만) 나란히 세워놓았다. 구약에서 우상숭배는 하나님과 우상을 동시에 섬기는 것을 말한다.

우리는 우상숭배를 하지 않는다고 자부한다. 그러나 아브라함처럼 궁극적 관심이 하나님 외에 다른 대상인 경우가 많다. 재물이거나 자식이거나 아니면 취미생활이거나 중독 증세를 일으킬 만큼 사랑하는 것들이 하나님 옆에 나란히 있다면 이들은 모두가 우상들이다. 그렇다면 아브라함에게 이삭을 바치라고 한 말씀은 우리 모두에게 해당하는 명령이 아닐 수 없다. 여기서 창세기 22장 1-19절의 내용을 내러티브로 읽어보자.

내러티브 읽기__예문 ❽

아브라함은 확고한 믿음 위에 서서 하나님의 약속을 충실히 따르며 산 사람이다. 노년에는 그의 삶에서 흠을 찾아볼 수 없을 만큼 성숙한 믿음으로 산 사람이다. 그러한 때에 그에게 인생 최대의 위기가 왔다. 이런 위기를 발생시킨 분은 다름아닌 바로 야훼 하나님이시다.

하나님께서 아브라함을 불러서 아들 이삭을 바치라고 하셨다. 그것도 번제(burning offering)로 바치라고 하셨다. 번제라는 말은 불로 태워 바치는 제사이다. 그 사랑하는 아들을 불로 태워서 바치라고 하신 것이다. 하나님이 말씀하셨다고는 믿어지지 않는 가혹한 명령이다. 번제로 바치라는 말은 이삭을 육체적으로 뿐 아니라, 존재론적으로 다 바치라는 것이고, 아브라함 속에 있는 감정적인 것까지도 다 청산하라는 말이다. 그뿐 아니라 하나님께서 아브라함에게 주신 모든 복들을 남김 없이 되돌려 달라는 명령이다.

사라가 이삭을 낳고, "하나님이 나로 웃게 하시니 듣는 자가 다 나와 함께 웃으리로다"(창 21:6)라고 했는데, 이제는 하나님이 아브라함을 버렸으니 듣는 자가 다 비웃으리라고 해야 할 판이다. 중세학자인 라쉬(Rashi)는 'na' 라는 단어를 강조해서 하나님께서 '애원했다' 로 읽기도 한다. 얼마나 어려운 부탁이었으면 하나님께서 애원했다고 하겠는가? 여하튼 하나님의 이 명령은 하나님 자신이 아브라함에게 주신 약속에 위배되는 잘못된 명령이다. 그런데도 아브라함은 그 명령에 순종하려고 아침 일찍 일어났다.

아침 일찍 일어났다고 하는 행동에서 아브라함의 감정을 읽을 수 있다. 그날따라 아브라함은 더 일찍 일어난 것으로 보인다(22:3). 주인보다 일찍 일어나야 할 종들이 아직 일어나기 전이다. 나귀에 안장도 자기가 얹었다. 번제에 쓸 나무도 아브라함이 손수 쪼개어 마련했다. 그리고 종들을 데리고 하나님이 지시하신 곳으로 떠났다. 여기서 아브라함의 어떤 감정을 읽을 수 있는가? 그는 밤잠을 설친 것으로 보인다. 잠을 잘 수가 없었을 것이다.

나무를 손수 쪼개는 모습에서는 아브라함이 자기 감정을 억제하려는 노력이 보인다. 이런 모습에서 아브라함이 하나님의 말씀에 순종하기 위해 고민하는 흔적들을 발견할 수 있다. 자식을 죽여 바치라는데, 아브라함이라고 고민이 없었으며, 고통을 당하지 않고 순수하게 기쁘게 순종했겠는가?

아브라함의 행동에서 하나님의 명령을 지키기 위한 아브라함의 굳은 결심을 볼 수 있다. 첫째는 그 명령이 내린 그 다음 날 아침 일찍 일어났다는 사실이다. 이 말은 많은 의미를 지닌다. 단호한 결단을 의미하기도 하고, 자기의 결단이 무너지기 전에 행동으로 옮겼다는 뜻이기도 하다. 또 아내 사라에게 이 끔찍한 사실을 알리지 않기 위해서 일찍 떠났다고도 볼 수 있다. 이삭 사건에 이어 창세기 23장에는 사라가 죽는 이야기가 나오는데, 유대 학자 중에는 사라가 이삭 사건의 직접적인 희생자라고 말하고, 아마도 이삭을 살해해서 번제로 바치려고 했다는 말을 후에 듣고 사라는 그 충격으로 세상을 떠나게 되었다(문자적으로, her soul flew away)고 해석한다.

두 번째는 아직도 길이 먼데 종들을 그곳에 머물게 하고 이삭만을 데리고 산을 올라갔다는 점이다. 종들에게는 "내가 이 아이와 저리로 가서 예배를 드리고 너희에게로 함께 돌아올 터이니, 그동안 너희는 나귀와 함께 여기에서 기다리고 있거라" 했다. 만약 종들이 함께 모리아 산까지 갔다면 아브라함이 아들 이삭을 제물로 바치려 할 경우 어떤 일이 벌어졌겠는가! 지금 같으면 아마도 정신병원으로 직행했을 것이다.

이 내러티브를 읽으면서 해석하기 어려운 부분이 산으로 오르면서 사랑하는 아들 이삭의 질문에 답한 아브라함의 말이다.

"불과 장작은 여기에 있습니다마는, 번제로 바칠 어린 양은 어디에 있습니까?"

"얘야, 번제로 바칠 어린 양은 하나님이 손수 마련하여 주실 것이다."

여기서 문제가 생긴다. 위에서 종들에게, 자기는 아이와 함께 돌아오리라고 했고(5절), 여기서는 번제로 바칠 양은 하나님이 준비하신다고 했다. 그렇다면 아브라함은 하나님께서 아들을 다시 돌려주실 것을 믿었다는 말인가? 그래서 고민도 하지 않고 기쁘게 모리아로 달려간 것일까? 다시 아들을 돌려줄 것을 믿고 아들을 데리고 모리아 산으로 올라갔다면 그 믿음은 진실한 것이 아니다. 헌금을 하면서 하나님께서 몇 배로 되돌려주실 것이라 믿고 헌금을 한다면 그것은 진정한 헌금일까? 아브라함이 하나님께서 아들을 되돌려주실 것을 믿었기 때문에 그처럼 당당하게 올라갔다면 그것은 진정한 믿음이 아니다. 물론 신실하신 하나님을 지금까지 체험해 온 그로써 그런 생각을 하지 않았다고 부인할 수는 없을 것이다. 그러나 그렇기 때문에 아들을 바치는 흉내를 냈다고는 볼 수 없다.

아브라함은 이삭에게 나무를 지우고, 자기 손에 불과 칼을 들고 걸어서 올라간다. 아들에게 나무 짐을 지워서 가게 했다면, 이삭이 청년이었다는 것을 암시한다. 이삭은 이미 내 자식이 아니다. 산 자식도 아니고 이미 죽은 자식이다. 그 자식을 바라보는 애비의 마음이 얼마나 아팠겠는가? 지시하신 곳에 이르러 아브라함은 아들을 바칠 준비를 한다.

"아브라함은 거기에 제단을 쌓고, 제단 위에 장작을 벌려 놓았다. 그런 다음에 제 자식 이삭을 묶어서, 제단 장작 위에 올려놓았다. 그는 손에 칼을 들고서, 아들을 잡으려고 하였다"(창 22:9-10, 새번역).

간단하게 적을 수 있는 문장을 자세하게 적어놓았다. 이것은 비디오로 말하면 천천히 돌아가는 장면이다. 뭔가 심각하거나 가슴 아픈 사연을 강조할 때 사용하는 방법을 성경 기자는 사용하고 있다. 이처럼 천천히 느리게 동작을 표현함으로 아브라함의 그때의 심정을 그리고 있는 것이다. 천 년이 하루처럼 빨리 지나가는 아브라함의 마음을! 이삭도 대단한 아들이다. 장성한 젊은이가 아버지를 거역하고 도망칠 수 있었다. 그러나 순종했다.

성경의 문장은 급하고 빠르게 흐른다. "아브라함아, 아브라함아" 하고 급하게 부르는 소리가 모리아 산을 울린다. 일단 아브라함을 멈추게 하고, "그 아이에 대하여 손을 대지 말라"고 하신다. 그리고 축복을 내리신다. "네가 너의 아들, 너의 외아들까지도 나에게 아끼지 아니하니, 네가 하나님 두려워하는 줄을 내가 이제 알았도다."

그렇다면, 왜 하나님은 아브라함에게 아들 이삭을 바치라는 요구를 하셨을까? 비합리적인, 아니 잔인하고도 어리석은 명령인데도 왜 아브라함은 순종했을까? 하나님은 사람을 축복해 주시기 위하여 그런 무자비한 요구를 하시는 분이신가?

어찌 생각하면 그런 요청을 받은 아브라함이 대단한 사람이다. 그런 요청을 아무에게나 할 수 있을까? 인간 역사 이래 처음이요 나중인 이런 요구를 받은 것만으로도 아브라함은 영광이다. 하나님은 "사람이 감당할 시험밖에는 너희가 당한 것이 없나니"(고전 10:13)라고 하셨기 때문이다.

이 명령을 하신 때가 언제인가를 찾아볼 필요가 있다. 22장 1절은 이런 말로 시작한다. "이런 일이 있은 지 얼마 뒤에." 이런 일이란 무엇을 가리키는가? 21장에는 이삭을 낳은 이야기가 나온다. 그리고 또 아비멜렉과 그 군대장관이 아브라함을 찾아와서 화친을 청한다. 그리고 브엘세바에서 아주 평화로운 세월을 보냈다. 하나님의 평화—샬롬을 맛보며 지낸 것이다. 그러니까 이때는 아브라함 생애의 절정이었다. 아들 이삭을 얻고, 이삭과 함께 가장 기쁜 시간을 보내고 있을 때요, 또 하나님께서 약속하셨던 모든 것들을 다 얻은 때이다.

또 2절에, 이삭을 부르는 방법이 좀 수상하다. "네 아들, 네가 사랑하는 독자(your only son), 이삭"이라고 이삭이란 이름 앞에 거창한 수식어를 붙인다. '네 아들, 사랑하는 독자, 이삭'이라고 부른다. 이런 표현은 하나님이 보실 때 아브라함이 이삭을 그만큼 끔찍하게 생각한다는 의미이다. 이처럼 하나님께서 그에게 모든 것을 다 주신 후에, 그리고 이삭에게 장애되는 모든 것을 다 제거하신 후에 그를 바치라고 하셨다. 아브라함 생애의 절정에 왜 '네 아들, 네가 사랑하는 독자 이삭'을 바치라고 하셨을까? 이것은 단순한 시험이 아니다. 그것은 하나님께서 모든 것을 다 주신 후에 아브라함에게 요구하신 것이다. 약속한 모든 것을 다 소유한 지금, 그리고 이삭을 얻고 즐거워서 못 견디는 지금에 이삭을 바치라고 하신 것은 단순한 순종을 요구하신 것이 아니라, 아브라함에게 가장 심각한 질문을 던지신 것이다. 이는 지금도 나를 하나님으로 경외하느냐는 것이다. 이삭보다, 네가 받은 모든 축복보다 나를 더 사랑하느냐? 그런데 그 대답을 행동으로 보이라는 것이다.

하나님인가? 아니면 사랑하는 아들 독자 이삭인가?

하갈도 쫓아내고, 이스마엘도 쫓아낼 만큼 사랑했던 아들 이삭인데……. 이삭을 위하여 뭐든지 버릴 만큼 사랑한 아들 이삭인데…….

아브라함은 하나님을 선택했다. 아브라함은 그가 건너야 할 마지막 강을 건넜다. 그에게 하나님과 동행하며 사는 일만 남았다. 아브라함이 받은 축복이 무엇인가? 그는 굉장한 축복을 받았다. 축복 중에 가장 의미 있는 말은, "네 씨로 말미암아 천하 만민이 복을 얻으리니 이는 네가 나의 말을 준행하였음이니라"(창 22:18)이다. 처음 그를 부를 때 주셨던 "땅에 사는 모든 민족이 너로 말미암아 복을 받을 것이라"(창 12:3)는 말씀과 동일한 말씀이다.

진정으로 다른 사람에게 복을 줄 수 있는 사람은 하나님으로부터 복을 충만하게 받은 사람이고, 하나님을 이 세상 그 어떤 것보다 사랑하는 사람이어야 한다. 그래야 이웃을 내 몸처럼 사랑할 수 있게 된다. 그래서 창세기 24장에는 아브라함의 신앙의 절정인 자부 얻는 이야기가 이어서 나온다.

창세기 저자는 아브라함의 이야기를 통하여 이스라엘 백성들에게 호소하고 있는 것이다. 하나님인가 바알인가를 선택하라고 말이다. 이 말씀은 출애굽기 20장 2-3절에 나오는 말씀과 동일한 말씀이다. "나는 너희를 이집트 땅 종살이하던 집에서 이끌어 낸 주 너희의 하나님(야훼)이다. 너희는 내 앞에서 다른 신들을 섬기지 못한다"(새번역). 하나님께서 이스라엘에 주신 이 명령에는 선택의 여지가 없다. 이스라엘이 하나님만을 오직 유일하신 하나님으로 섬기느냐? 아니면 동시에 다른 신들에게 마음을 주느냐를 선택해야 하는 시험이다. 사사기로부터 구약 끝까지 이스라엘의 시험은 바로 이것이었다.

오늘 우리 시대에 주는 말씀은 무엇인가? 디모데전서 6장 17절에서 이 세상의 부자들에게 준 교훈을 이 말씀에 비춰서 되새겨볼 필요가 있다. "네가 이 세대에서 부한 자들을 명하여 마음을 높이지 말고 정함이 없는 재물에 소망을 두지 말고 오직 우리에게 모든 것을 후히 주사 누리게 하시는 하나님께 두며."

이 시대에 우상은 과연 무엇일까? 우리의 이삭은 과연 무엇인가? 하나님이 보시는 눈앞에서 하나님처럼 섬기며 좋아하는 것은 무엇일까? 하나님은 우리에게 그것을 바침으로 얼마나 사랑하는지 보이라고 하신다. "대부분의 사람들은 90%의 시간을 (치열한 전투도 없이) 항로를 이탈해서 살아간다"고 한다. 하나님께서 우리의 이삭을 바치라고 하신다면 과연 우리는 바칠 수 있을까? 그만큼 하나님을 사랑하는가?

누구도, 무엇도 하나님보다 귀할 수가 없다. 모든 것이 그분으로부터 오기 때문이다.

05

내러티브의 갈등 구조

Narrative Plot and Conflict

우리는 지금까지 내러티브 문장을 어떻게 읽어야 하는가를 다루었다. 성경은 내러티브라는 특별한 예술적, 문학적 방법으로 기록된 책이다. 단순하지만 결코 단순하지 않은 책이 성경이다. 그러므로 이 책을 이해하기 위해서는 텍스트의 기술 법칙들을(the composition rules) 반드시 이해하고 읽어야 한다. 이 장에서는 드라마나 이야기의 극치를 이루는 내러티브 기법에 대하여 다루고자 한다.

이야기의 극치는 갈등과 반전이다. 우리가 영화나 연속극에 매달리는 이유도 갈등 구조 때문이다. 성경도 이야기라면 분명히 갈등 구조로 되어 있을 것이다. 독자 여러분이 눈치 챘는지 모르지만 이미 성경의 갈등에 대하여 앞에서 많은 언급을 해왔다. 그러나 여기서 좀 더 구체적으로 다루려고 한다. 성경은 간단하게 말하면 하나님의 이야기이다. 하나님의 이야기이기에 사람들이 이해하기에 힘든 부분이 참으로 많다. 아니 모든 게 이해되지 않는다. 하나님은 사람들을 설득시키려고 하지 않으신다. 그저 명령하신다. 선악과를 왜 먹지 말아야 하는지를 설명해 놓지 않으셨다. 모세가 왜 백성들을 이끌고 홍해를 건너야 하는지? 어떻게 건너야 하는지를 설명해 놓지 않으셨다. 바로 인간인 우리가 이해할 수 없는 부분이 바로 성경의 갈등 부분이다.

갈등 구조는 이야기를 역동적으로 만들어주고, 재미있게 만들어 줄 뿐 아니라, 그 구조 속에 성경이 독자들에게 말하려고 하는 깊은 진리가 숨겨져 있다. 그것이 갈등 구조로 성경을 읽어야 할 이유이다.

가. 갈등이란 무엇인가?

내러티브에서는 이야기의 갈등(conflict) 구조를 엮어내는 것을 플롯이라고 한다. 일반적으로 이야기는 발단-전개-위기-결말이라는 구조로 되어 있다. 이야기가 시작되어 전개되다가 정점에 이르면 독자들로 하여금 갈등을 느끼게 하고 궁금증을 만들어내게 하며, 그런 다음에 반전을 이루면서 결말에 도달하게 된다.

드라마의 생명이 갈등에 있는 것처럼 내러티브 문학의 꽃도 갈등에 있다. 이야기를 전개하는 과정에서 가장 의미와 가치가 주어지는 부분이다. 어찌 보면 이 갈등을 위하여 이야기는 존재한다고 말할 수도 있다. 갈등이 생겨나서 갈등이 심화되고, 최종적으로 갈등은 해소되며 이야기가 끝나게 된다. 결국 갈등은 시작과 결말 이 양자를 연결시키는 고리이다. 이처럼 성경에서는 복음의 핵심 진리를 제시하고자 하는 중심에 갈등이 놓여 있고, 이것을 위하여 앞뒤 사건의 내용이 전개된다고 해도 과언이 아니다.

나. 모순과 갈등을 찾아가기

성경이 모순과 갈등으로 되어 있는 책인데도 불구하고 지금까지 이런 것들을 염두에 두지 않고 읽어온 것은 오직 믿음으로 읽는다는 정신 때문이었을 것이다. 처음 성경을 읽는 분들이, 성경은 너무 이해가 되지 않는 부분이 많다고 말할 때마다 아직 믿음이 약해서 그렇다고만 말해 왔다. 계속 읽어가노라면 이해될 때가 있을 거라고 격려해 왔다.

그러나 사실 처음 성경을 읽는 사람들이 이해하지 못하는 부분이 성경에서는 가장 중요한 부분일 수도 있다. 그분들이 성경 안에서 갈등을 더 잘 보았다고 말할 수 있다. 그런 분들에게 믿음이 없어서라고 몰아붙이기 전에 좀 더 성경의 오묘한 기술 방법을 통하여 전하려고 하는 진리를 설명해 주었더라면 더 많은 사람들이 성경을 떠나지는 않았을 것이다.

성경 속의 갈등은 비논리적이거나 비정상적인 말이나 행동 안에 들어 있다. 바로 거기에 '왜' 라는 질문을 던져보라.

말하자면 그래도 그 지역에서 세리장이고 부자인데 그런 사람이 나무 위에 올라가 있는 모습은 확실히 일상적인 행동은 아니다. 왜 그는 뽕나무에 올라갔을까? 이것은 갈등이다. 그럴 수 없는 일을 그가 했기 때문이다. 삭개오의 내러티브를 이해하기 위해서는 왜 그가 나무 위에 올라갔는가를 풀어가야 한다.

엠마오로 내려갔던 두 제자가 왜 그 밤중에 예루살렘으로 올라갔는가? 도저히 갈 수 없는 그 밤길을 갔다는 것도 갈등이다. 왜 그런 행동을 했을까? 하나님께서 아브라함에게 이삭을 바치라고 하신 것이 이해가 되는가? 하나님은 그런 끔찍한 일을 요구하실 하나님이 아니시다. 그런데 어떻게 그런 요구를 하셨을까? 이것은 아브라함이 이삭을 바치는 내러티브를 해석하는 가장 기본적인 갈등이다. 이런 부분이 독자의 관심을 사로잡는 부분이다. 거기에 저자가 독자들에게 들려주려는 이야기가 있다.

요한복음 2장 1-11절에서 혼인집에 포도주가 떨어졌을 때 마리아는 예수님께 찾아가서 "예수에게 이르되 저들에게 포도주가 없다"고 말한다. 요한은 마리아의 이름을 부르지 않고, 예수의 어머니라고 말한다. 어머니가 아들 예수에게 포도주가 떨어졌다고 말했다는 뜻이다. 이상하지 않은가? 포도주가 떨어졌는데, 돈도 한 푼도 없는 아들인 것을 아는 어머니가 아들에게 그 사실을 알렸다. 이상한 행동이다. 그런데 이 기적을 풀어가는 실마리는 이 갈등을 해결해야 풀려나갈 수 있다.

두 번째로, 이야기가 자연스럽게 흐르다가 갑자기 내용의 흐름이 반전되는 곳에 갈등이 있다. 그곳에 잠시 머물면서 '왜 그럴까?'를 깊이 생각해 보라. 마태복음 20장에 나오는 포도원의 품꾼 비유를 생각해 보자. 예수님의 비유는 유대 나라에서 일상적으로 볼 수 있는 평범한 이야기로 출발한다. 품꾼을 부르는 일도 평범한 이야기이다. 적어도 12시까지 품꾼을 부르는 것도 이해할 수 있다. 포도원 주인에게 무슨 사정이 있었던 게지 하고 말이다.

그런데 오후 3시, 아니 5시에 일꾼을 부른다는 것은 이해가 되지 않는다. 점점 이야기는 이상스럽게 흘러간다. 그런데 하루 일을 마치고 품삯을 계산하는 자리에서 일은 터지고 말았다. 온종일 일한 사람과 한 시간 일한 사람의 임금을 똑같이 주었기 때문이다. 주인으로서는 인심을 써서 다 같이 주었다고 하지만, 일한 사람들의 입장에선 이해가 되지 않는다. 이것은 불공평한 일이다. 그래서 임금을 계산하는 자리에서 불평이 일어났다.

독자들은 당연히 문제를 일으킨 품꾼들을 나무랄 것이다. 약속대로 한 데나리온을 받으면 되었지, 무슨 말이 그리 많은가라고 말이다. 그러나 본문을 자세히 읽어보면, 문제를 일으킨 사람은 품꾼들이 아니라 주인이란 사실을 알게 된다. 품꾼들을 모두 세워놓고 나중 온 사람부터 한 데나리온씩 계산해 주었기 때문이다.

주인이 폭동이 일어날 것을 몰랐을 리가 없다. 만일 맨 먼저 온 사람부터 계산해 주고, 나중에 온 사람은 마지막에 주었더라면 문제는 일어나지 않았을 것이다. 그런데 모든 사람이 보는 앞에서 마치 폭동이 일어나기를 기대하는 것처럼 버젓이 하루 삯을 나누어 주었다. 그렇다면 전적인 책임은 주인에게 있다. 왜 주인은 그처럼 어리석은 일을 했을까?

예수님의 비유는 마지막 클라이맥스에 다다랐다. 그러나 예수님 자신은 그 이유를 설명하지 않으셨다. 내가 약속한 대로 했는데, 무슨 불평이 있느냐고 책망했을 뿐이다. 그리고 마지막 16절에, 내레이터는 한마디를 덧붙여놓았다. "이와 같이 나중 된 자로서 먼저 되고 먼저 된 자로서 나중 되리라." 누가 먼저 된 자이고, 누가 나중 된 자란 말인가? 그리고 이야기는 끝났다. 해석은 독자들의 몫이다.

갈등에서부터 풀어가야 한다. 왜 일부러 주인은 문제를 일으키도록 행동을 했는가? 마태복음의 맥락에서 보면, 이 포도원의 일꾼 비유는 예루살렘으로 올라가시는 도중에 제자들에게 하신 말씀이다. 특별히 부자 청년의 사건을 다루면서 제자들이 받을 상급을 언급하던 중에 이어서 하신 말씀으로 되어 있다. 그리고 마태복음 19장 30절과 20장 16절이 아주 비슷한 내용으로 되어 있다.

> 그러나 먼저 된 자로서 나중 되고 나중 된 자로서 먼저 될 자가 많으니라(마 19:30).
>
> 이와 같이 나중 된 자로서 먼저 되고 먼저 된 자로서 나중 되리라

(마 20:16).

기득권자에 대한 다툼의 내용이 제자들 중에 일어났던 것이다. 마태복음 20장 20절 이하에 야고보와 요한이 예수께서 왕으로 등극하면 오른쪽과 왼쪽을 요구한 것과도 연결된다. 이런 자들에게 하나님의 은혜는 약속으로 주어지는 선물이고, 포도원(하나님의 나라)에 들어온 사람들에게 모두가 균일하다는 것을 강조하신 말씀이다.

후에 마태복음을 기록할 당시에는 교회 안에 기득권을 주장하는 자들이 일어났던 것으로 보인다. 그들에게 교회에 먼저 들어왔다고 기득권자가 될 수 없고, 하나님의 집에 들어온 것 자체가 은혜요 축복인 것을 깨닫고 충성해야 한다는 것을 강조한 것이리라.

세 번째로, 평범한 이야기에 상황을 부여하면 갈등이 형성된다. 본문의 내용에서 모순을 발견했다면 그 당시 상황을 전개해 보라. 그리고 본문의 내용을 그 당시 상황과 연결시켜 보면, 분명한 갈등 구조가 드라마처럼 느껴질 것이다. 룻기 2장에서 룻이 이삭 주우러 간다고 하는 말이 이상할 것이 하나도 없다. 그러나 당시 유대 문화를 넣으면 갈등 구조가 드러나기 시작한다.

룻은 유대인들이 가장 증오하는 모압 여인이다. 그것도 보호해 줄 남자가 한 사람도 없는 여인이고, 또 베들레헴은 물설고 낯선 지역이다. 들에 나갔다가 무슨 일을 당할지 모르는 상황이다. 베들레헴이라면 나오미의 고향이니 그녀가 들에 나갔어야 한다. 나오미의 나이도 그리 늙은 할머니는 아니었던 게 분명하다. 또 룻은 나오미를 어머니라고 따라온 나이 어린 여인이다. 그렇다면 나오미가 룻을 먹여 살려야 했을 것이다. 이렇게 보면 나오미는 아주 나쁜 여자가 된다. 이 문제를 어떻게 풀어가야 할까?

성경 내면의 이야기 속에는 갈등 구조가 있다. 표면적 이야기로 읽으면 그 구조는 나타나지 않는다. 그러나 내면 이야기를 읽어가면 성경의 내용이 모두 갈등 구조로 되어 있다고 해도 과언이 아니다. 사사기는 내러티브가 발전되기 전까지는 가장 진부한 성경으로 여겨져 왔던 책이다. 전쟁 이야기에 어설픈 사사들의 이야기는 사람들의 관심을 끌지 못했다. 그러나 내러티브가 발전되면서 사사기는 각광을 받기 시작하였다.

사사기에 나오는 드보라 이야기를 생각해 보자. 종려나무 아래서 이스라엘 백성을 위하여 재판을 하던 드보라에게 하나님의 명령이 왔다. "납달리 자손과 스불론 자손 만 명을 데리고 다볼 산으로 가라"(삿 4:6). 하솔 왕 야빈은 철병거 900대를 가진 군사왕국의 왕이었다. 그 나라에는 시스라라고 하는 군대장관이 있었다.

성경에는 그들의 군사 몇 명이 이스라엘을 대적하여 싸우러 왔다는 말은 없지만 이런 경우 철병거 900대를 가진 군대라면 보병은 10만 명은 족히 되리라고 생각된다. 생각해 보자. 철병거라면 지금으로 말하면 탱크부대라고 할 수 있다. 모세를 쫓아온 바로의 특수부대 철병거가 600대였던 것과 비교해 보면 하솔 왕 야빈의 군사력이 어느 정도인지 이해가 될 것이다.

그런 군대와 맞서 싸워야 하는 이스라엘 군인은 겨우 1만 명에 불과하다. 게다가 다볼 산은 단일 봉우리를 가진 산이다. 만약 10만 명이 포위한다면 꼼짝도 할 수 없이 갇히게 될 형국이다. 그런데 다볼 산으로 올라가라고 한 것이다. 또 하나 이해가 안 되는 것은 군사 전문가인 시스라가 거대한 군대를 낮은 기손 강에 진을 치게 했다(삿 4:12-13)는 것이다. 이스르엘 평야는 비만 오면 질퍽해져서 사람도 움직이기가 힘들지만 병거는 옴짝달싹도 못하게 되는 땅이다. 그런데 시스라는 왜 자기 군사들을 그처럼 낮은 지역에 배치했을까? 사사기에 기록된 내용은 모두가 이해가 되지 않는다.

반전은 사사기 4장 14절부터 시작된다. 시스라의 군대가 기손 강에 모였고, 드보라의 인도를 받는 바락은 만 명의 군사를 이끌고 하솔 군대를 쳐들어간다. 전쟁 상황은 단 한 절로 묘사되어 있다. "여호와께서 바락 앞에서 시스라와 그의 모든 병거와 그의 온 군대를 칼날로 혼란에 빠지게 하시매 시스라가 병거에서 내려 걸어서 도망한지라"(삿 4:15).

어떻게 된 일인가? 그 많은 군인들은 흩어졌고, 군대장관 시스라가 병거에서 내려 도망쳤다. 시스라가 병거에서 내려 도망쳤다면 병거가 갑자기 무용지물이 되었다는 말이 아닌가? 그 많은 군대는 왜 갑자기 흩어져 도망치기 바빴을까? 군인들이 자기 살기 바빠서 허우적거리며 도망치는 모습에서, 그리고 시스라가 병거에서 내려 도망쳤다는 말에서 그곳에 갑자기 비가 쏟아졌다고 상상하게 된다.

재미있는 것은 이스라엘 지역에서는 우기에 전쟁을 하지 않는 게 상례(常例)이다. 왜냐하면 비가 오면 땅이 질어서 군대가 이동할 수 없기 때문이다.

그런 이유 때문에 시스라가 기손 강에 군대를 모은 것이다. 기손 강은 와디(wadi)로서 비가 오지 않을 때는 평야처럼 되고, 비가 올 때면 강이 되기 때문이다. 그러니까 이스라엘과 하솔 간에 전쟁은 건기에 있었던 일이란 것도 알 수 있다. 그런데 건기에 비가 쏟아진 것이다. 우리나라로 말하면 7, 8월에 함박눈이 쏟아졌다는 말과 같다. 이 상황을 사사기 5장에 나오는 드보라의 노래는 상세하게 설명하고 있다.

> 여러 왕들이 와서 싸움을 돋우었다. 가나안 왕들이 므깃도의 물 가 다이낙에서 싸움을 돋우었으나, 그들은 탈취물이나 은을 가져가지 못하였다. 별들이 하늘에서 시스라와 싸웠고, 그 다니는 길에서 그와 싸웠다. 기손 강물이 그들을 휩쓸어 갔고, 옛 강 기손의 물결이 그들을 휩쓸어 갔다. 나의 영혼아! 너는 힘차게 진군하여라(삿 5:19-21, 새번역).

맑은 하늘에 날벼락이라고 비가 오지 않던 건기에 비가 쏟아지고 하늘에서는 벼락이 치고 그러니 병거가 무슨 소용이며, 몇 만의 군대가 무슨 힘이 있겠는가? 하나님의 군사 배치는 갈등이고 어리석음이다. 그러나 그것이 하나님께서 자연을 통하여 자기 백성을 승리케

하시는 길이었다.

이처럼 평범하게 들리는 글 속에 그 당시 지리나 문화적 상황을 넣어서 읽으면 갑자기 문장이 살아나면서 갈등을 일으키고 흥미를 유발한다. 베들레헴에 온 룻이 이삭을 주우러 갔다는 말이 평범하고 아무런 의미가 없어 보이지만 당시 사회적 문화적 배경을 넣어서 읽어보니 굉장한 갈등이 보이는 것이다. 결론적으로 말하면 나오미는 나쁜 시어미가 아니었다. 그녀도 하나님께서 룻을 인도해 주실 것을 믿고 있었고, 베들레헴에서 갑부인 보아스의 밭 말고는 어디에 가서 이삭 주울 곳이 변변치 않다는 것을 알고 있었을 것이다.

그래서 룻기 2장 1절에 "나오미의 남편 엘리멜렉의 친족으로 유력한 자가 있으니 그의 이름은 보아스더라"라고 기록해 놓은 것이다. 나오미는 보아스가 룻을 거두어주리란 기대 속에서 그녀를 들로 내보냈던 것이다. 그래서 룻기 3장 1절부터 갈등이 점점 풀리기 시작하여 마침내 4장에서 반전이 이루어지고 결말에 도달한다.

성경 기자의 플롯을 찾기 위해서는 평범한 성경 구절의 평형을 뒤집어보아야 한다. 특별히 본문 안에서 모순과 긴장이 보이는 곳(일상적이지 않은 특별한 행동)에 '왜'라는 질문을 던지는 데서 모순과 긴장이 나타난다. 이것을 성경을 '낯설게 보기'라고 말할 수 있다. 그리하여 갈등을 찾아내고, 갈등을 분석하고, 갈등을 심화시킨 다음에 반전이 어떻게 이루어졌는가를 찾아가며 읽어야 한다.

요한복음 2장의 가나 혼인 잔치집의 기적을 읽어나가면서 의문점을 적어보자. 그리고 왜 이런 갈등이 일어났는가를 생각해 보자. 바로 그 안에 성경이 말하려고 하는 의미가 들어 있다. 마리아가 포도주가 떨어진 어려운 상황을 예수님께 가지고 온 것이 이상하다. 그리고 그 요구를 거절했는데도 마리아는 일하는 사람들에게 "(그분이) 너희에게 무슨 말씀을 하시든지 그대로 하라"(요 2:5)고 한 것도 이상하다. 또 예수님께서 포도주를 만들 물을 정결예식에 사용하는 돌 항아리에 채우라고 하신 것도 이상하다. 그리고 아직 포도주로 변하지 않은 물을 연회장에게 갖다 주라고 한 일도 이상하다.

이처럼 갈등을 명확하게 만들면, 그 점은 바로 청중의 상황과 접목되는 부분이 된다. 청중의 상황과 아무런 관계가 없는 갈등은 없다. 위에서 지적한 모든 갈등은 우리가 신앙 생활하는 중에 언제든지 만나게 되는 갈등이다. 바로 그 갈등으로 우리의 믿음 생활에 대하여 저자는 말하려고 하는 것이다.

다. 복음의 제시

지금까지 살펴본 대로 갈등은 하나님께서 하나님의 세계를 인간에게 보여주는 부분이다. 인간으로서는 상상할 수 없는 일들이다. 그렇기 때문에 그런 갈등 부분에 하나님이 하시고자 하는 말씀이 들어 있다. 물로 포도주를 만든 사건에서 물이 포도주가 되었다는 결과만 생각한다면, 그건 2천 년 전에 예수께서 이 땅에 계실 때 일어난 일로 우리와는 아무런 관계가 없다. 또 현실적으로 물이 포도주로 변하는 일이 일어날 것도 아니다.

그러나 이 사건의 기록은 예수께서 메시아로 이 땅에 오신 분이란 것을 사람들에게 알려준 첫 번째 사건이라고 요한은 말한다(요 2:11). 그러나 이 구절은 그런 결론만을 알게 해주려는 말씀이 아니다.

어떻게 할 때 하나님의 기적은 일어날 수 있는가를 가르쳐주고 있다. 마리아처럼 엉뚱한 일을 예수님께 가지고 나온 사람이 기적을 촉발시켰다. 그건 시장에 가야 할 문제거나 아니면 이웃들에게 빌려야 하는 문제지, 예수님께 가지고 올 문제는 아니다. 우리도 어떤 어려움을 만나면 그렇게 생각하게 된다.

그러나 이치에 맞지 않게 주님께 가져온 사람들이 주님의 은혜를 입는 경우가 많다. 물론 주께로 문제를 가져왔다고 해서 다 은혜를 입는 것은 아니다. 기도 중에 또는 성경 묵상 중에 주님께서 우리가 묻는 일에 대하여 말씀하시는 것을 주의 깊게 듣고 행동해야 한다. 아무것도 일어나지 않았어도 일어난 것으로 믿고 행동해야 한다.

사무엘의 어머니 한나는 가정 문제와 아이를 낳지 못하는 것을 가지고 실로 성소에 가서 울며 호소했다. 제사장 엘리가 한나가 술에 취했다고 했을 만큼 그는 유난히 특별하게 기도했다. 엘리의 책망을 받은 한나는 "내 주여 그렇지 아니하니이다 나는 마음이 슬픈 여자라 포도주나 독주를 마신 것이 아니요 여호와 앞에 내 심정을 통한 것뿐이오니"(삼상 1:15)라고 했다. 엘리는 "평안히 가라 이스라엘의 하나님이 네가 기도하여 구한 것을 허락하시기를 원하노라"(삼상 1:17)라고 응답했다.

이 말은 단순한 엘리의 소원을 담은 기원이다. 그런데 한나는 이것이 하나님께서 자기에게 주신 허락으로 받고, 그 길로 돌아가서 음식을 먹었다. 다시는 얼굴에 슬픈 기색을 띠지 않았다. 집에 돌아온 후부터는 마치 그 축복이 이루어진 것처럼 믿고 살았다. 그 결과 한나는 임신하여 아들을 얻었다. 빈 그릇에 포도주가 가득 넘치게 된 것이다. 이처럼 갈등이 있고, 문제가 발생한 곳 속에 성경이 말하려고 하는 진리가 숨겨져 있다.

포도원 품꾼 비유도 주인이 일부러 문제를 일으켰는데 왜 그랬을까 하고 깊이 생각하는 그곳에 주께서 이 비유를 통하여 하시고자 하는 말씀의 핵심 내용이 있고, 마태가 마태 공동체에 주고자 하는 핵심 메시지가 있다.

드보라 이야기의 갈등 속에 핵심이 있듯이 말이다. 드보라의 이야기를 읽는 사람들은 모두 의심을 가졌을 것이다. 왜 하솔의 대군을 상대해서 싸워야 하는 이스라엘 군대 장관이 여자, 아니 남편과 아이들을 거느린 부인이어야 하는가 하고 말이다. 그런데도 드보라는 아무런 거부도 없이 선뜻 나서지 않는가? 정말 간이 큰 여자처럼 보인다.

그런데 하나님은 그녀를 통하여 넉넉히 이기게 하셨듯이 오늘도 부족하고, 아무것도 아닌 피조물인 우리가 주님의 부름을 받고 무엇인가를 하겠다고 나섰을 때 하나님께서는 그런 일꾼들을 통하여 엄청난 일들을 이루신다는 사실을 말하고 있다.

성경에서 얻는 교훈을 내가 억지로 끌어내는 게 아니다. 성경을 이야기로 읽어나가면 하나님이 주시는 결론은 저절로 밝혀지게 되어 있다. 내가 듣고 싶은 것을 듣는 게 성경 읽기나 성경 공부가 아니다. 하나님의 말씀이 자연스럽게 들려와야 한다. 그렇다면 성경을 읽는 모든 사람들에게 일어나는 결론은 구체적으로 다 다를 수 있겠지만, 원리는 하나로 통일될 수밖에 없다. 그리할 때 교회가 하나 되고, 그리스도인들이 한 하나님, 같은 믿음으로 살아가게 되는 것이다.

플롯 속에 하나님께서 들려주시고자 하는 핵심 내용이 있다는 것은 곧 그 말씀을 듣고 사람들이 어떻게 살아야 하는가 하는 내용이 거기에 있다는 말이다. 플롯은 곧 성경을 읽는 독자들이 어떻게 살 것인가(how to live)를 보여준다. 내면의 이야기가 사람들의 영혼을 터치하고, 기쁨과 만족을 주고, 또 그대로 살 수 있는 길을 보여준다. 그 결과 살아계신 하나님을 경험하게 만들어준다.

그래서 시편의 기자는 이렇게 말했다.

> 주님의 말씀은 내 발의 등불이요, 내 길의 빛입니다.
> (시 119:105, 새번역)

이야기에서 이야기로

얼마 전 페이스북에 올린 내 글에 한때 우리 교인이었고 지금은 한국 음대에서 피아노를 가르치는 교수가 코멘트를 달아놓았는데, 매우 시사적이었다. “신기하게도 이 글이 목사님의 억양과 목소리로 들려오네요.” 나를 얼마나 잘 알고 있고, 내 사상과 생각을 얼마나 잘 알고 있었으면 내 글이 억양과 목소리로 들려왔겠는가!

그렇다. 성경을 펼치면 본문이 문자가 아니라 말하는 목소리로 들려와야 한다. 아브라함을 부르던 하나님의 목소리, 모세를 부르던 하나님의 목소리가 들려야 한다. 다메섹 길에서 사울아! 사울아! 하고 부르던 주님의 음성이 들려야 한다. 성경에 등장하는 사람들의 목소리가 들려야 한다. 잔잔하게 들려주는 성경 저자들의 이야기 소리가 들려야 한다.

성경을 내러티브로 읽다 보면 성경이 자기 안으로 나를 초청하고 있는 것을 느낀다. 성경과 씨름하며 산 지 40년, 그리고 내러티브로 읽으며 살아온 지도 20년이 넘는다. 성경을 읽고 묵상한 후에 눈을 감으면 나는 에덴동산으로, 모리아 산으로, 여호수아가 전쟁하던 벧호론 길로 간다. 예수님께서 지나가시던 여리고 길로 간다. 군중들에 둘러싸여 가시지만 홀로 외롭게 길을 가시는 주님의 모습을 본다. 나무 위에 올라가 있는 삭개오를 보고, 군중들의 비난 소리를 듣는다.

사막 길을 걸어 베다니에 이르고, 마리아와 마르다의 집에 들어가 몸을 쉬시는 주님을 만나본다. 가야바 법정의 위 뜰에서 조롱과 온갖 수치를 당하시는 예수님과, 아래 뜰에서 불을 쬐고 있다가 주님을 부인하는 베드로의 뻔뻔하면서도 고뇌하는 모습, 그리고 그걸 바라보시는 주님의 표정을 본다. 골고다에서 운명하실 때 "이는 하나님의 아들이었도다"라고 외치는 백부장의 함성이 온 산에 그리고 온 세상에 펴져 가는 소리를 듣는다.

요즈음은 요한계시록을 누빈다. 라오디게아 교회 문 밖에 서서 문을 두드리고 계신 주님의 모습을 본다. 이것은 결코 사랑하는 사람의 집안으로 들어가기 위하여 정답게 문을 두드리는 모습이 아니다. "너희들이 열심을 내고 회개하라"고 책망하시는 모습이다(계 3:19). 이런 때엔 주님이 지금 내 문 밖에 계시지나 않은지, 우리 교회 밖에서 계시는 것은 아닌지 살펴보기도 한다.

하나님 앞에 유리 바다 위에(바닷가가 아니다) 서 있는 구원받은 성도들을 본다(계 15:2, 새번역). 유리 바다 밑에는 이글거리는 불이 타고 있다. 그러나 구원받은 성도들에게 불은 아무런 해를 끼치지 못한다. 이것은 결코 환상이 아니다. 성경의 드라마다. 그리고 거기로부터 하나님의 음성이 울려나온다. 그렇기 때문에 나는 다시 성경으로 돌아간다.

성경 암송이 반드시 필요하다. 그런데 성경 안에 모든 상황을 그려 가노라면, 성경의 내용을 암기하는 것이 참으로 쉽다. 복음서마다 각기 그 내용 전체가 머릿속에 그려져 있고, 서신서나 기타 성경의 내용이 머릿속에 그려져 있다면 그 안에 쓰여 있는 내용은 자연히 머리에 암기된다.

성경은 참 이상한 책이다. 마치 환상의 세계를 여행하는 것과 같다. 한 곳을 구경하고 이보다 더 좋은 곳은 없겠지 하고 다른 곳을 들여다보면 거기에 또 다른 놀라운 세계가 펼쳐져 있듯이, 성경은 기대하지 않고 어느 곳을 펼쳐도 거기에 또 다른 놀랍고 신비한 세계가 펼쳐진다. 성경 여기저기를 뒤적거리지 않아도, 한 구절만 가지고도 성경 전체에서 느끼는 그런 무게감과 큰 감동의 말씀을 대하게 된다. 그런데 왜 성경 여기저기를 들춰야 하겠는가?

성경을 생각하면 기쁘고 재미있다. 마치 하나님을 만나는 것 같다. 그래서 성경을 이야기하는 것이 즐겁다. 설교 행위 자체나 성경을 가르치는 일 자체가 좋아서 거듭거듭 하고 싶은 것은 아니다. 이처럼 감동적인 그러나 때로는 가슴 아픈 말씀이 나로 하여금 다른 사람들에게 이야기하도록 강요하기 때문이다. 성경을 이야기하고 싶어서 견딜 수 없다.

옛날 모세 오경을 읽던 분들이 그렇게 살았을 것이다. 너무 재미있고 환희가 넘치고 감사해서 또 읽고 또 읽고, 그리고 사람들을 만나면 이야기를 전하고……. 이렇게 해서 성경 이야기는 사람에게서 사람에게로, 마을에서 마을로 퍼져가기 시작했을 것이다. 예수님의 이야기를 읽으면서 박해받던 초대 교인들은 얼마나 용기를 얻었을까? 구원의 기쁨이 얼마나 컸을까? 얼마나 기뻤고, 얼마나 울고, 얼마나 또 나누고 싶었을까? 엠마오의 두 제자가 그 밤중에 예루살렘으로 다시 겁 없이 올라가던 것처럼 말이다.

성경이 죽은 책에서 살아 움직이는 책으로, 하나님(성부, 성자, 성령)께서 생생하게 살아 일하시는 모습을 보여주는 책으로 살아나야 한다. 그리고 우리 가정 안에 이런 이야기들이 꽃을 피워야 한다. 우리 교회 안에서 이런 이야기들이 시끌벅적하게 들려져야 한다. 우리가 말하는 것이 곧 우리의 삶이다.

안타깝게도 우리 교회 안에 성경 이야기가 들리지 않은 지가 오래다. 설교 시간에 참고 서적처럼 잠시 들려질 뿐이고, 성경공부 시간에만 잠시 몇 마디씩 들려질 뿐이다. 하나님의 말씀을 선포하는 시간인데도, 성경공부 시간인데도 사람들 소리가 더 많이 들린다. 그래서 우리의 신앙은 시들어져간다.

그리고 세상 사람들에게 교회는 하나님의 무리들이 아닌 것 같다는 비난을 받는다. 안디옥 교회가 바나바와 바울을 통하여 일 년 동안 열심히 모였고 집중적으로 말씀을 공부한 후에 제자가 되고, 그리스도인이라 불렸던 것은 우연이 아니었다.

성경을 살아 있는 책으로 읽어라. 그리고 살아 있는 하나님의 이야기를 세상에 들려주어라. 그리하여 하나님께서 다시 말씀으로 세상을 정복하도록 하여야 한다. 그것이 성경이 우리에게 주어진 이유이고 목적이다.

> 모든 육체는 풀과 같고
> 그 모든 영광은 풀의 꽃과 같으니 풀은 마르고 꽃은 떨어지되
> 오직 주의 말씀은 세세토록 있도다(벧전 1:24-25). 아멘.